Leitfaden

zur Erstellung einer Facharbeit/Seminararbeit

Gymnasiale Oberstufe

Christian Raps
Dr. Florian Hartleb

Mit Beiträgen von
Sigrid Raps

Schroedel

Leitfaden

zur Erstellung einer Facharbeit/Seminararbeit

Gymnasiale Oberstufe

Christian Raps
Dr. Florian Hartleb

mit Beiträgen von Sigrid Raps

in Zusammenarbeit
mit der Verlagsredaktion

Druck A³ / Jahr 2014
Alle Drucke der Serie A sind im Unterricht parallel verwendbar.

Redaktion: Dr. Martin Reichinger
Herstellung und Umschlag: Sandra Grünberg
Layout: Janssen Kahlert, Hannover
Grafik: Langner & Partner, Hannover
Satz: Media Service Schmidt, Hildesheim
Druck und Bindung: westermann druck GmbH, Braunschweig

ISBN 978-3-507-**10898**-1

Inhaltsverzeichnis

Vorwort

Liebe Schülerinnen und Schüler!

Die von Ihnen individuell zu erstellende schriftliche Fach- oder Seminararbeit nimmt in der Gymnasialen Oberstufe einen zentralen Stellenwert ein. Mit dem vorliegenden Band möchten wir Ihnen daher einen präzisen Leitfaden zur Erstellung einer Fach- bzw. Seminararbeit an die Hand geben, der Ihnen einen sicheren Weg durch die Oberstufe weist.

Unser Leitfaden beantwortet Ihre Fragen zur wissenschaftlichen Arbeitsweise – unabhängig davon, in welchem *Fach* Sie Ihre Arbeit schreiben, und unabhängig vom übergeordneten *Rahmenthema,* aus dem Ihr Kursleiter/Ihre Kursleiterin die Themen für die Fach- bzw. Seminararbeiten Ihres Kurses ableitet:

- Strategien zur *Themenfindung* und *-formulierung* (S. 8) sowie Tipps zur *Eigenorganisation* (S. 9) helfen Ihnen bei der Vorbereitung der schriftlichen Arbeit.

- Vielfältige methodische Anleitungen, z.B. zur *Literaturrecherche* (S. 10f.), zu einer *Betriebserkundung* (S. 17ff.) oder zu einer *Expertenbefragung* (S. 20f.), unterstützen Sie bei Ihrer eigenverantwortlichen Stoffsammlung.

- Eine breite Palette von Arbeitstechniken – neben *Auswertungstechniken* zu *Filmen* (S. 29), *Statistiken* (S. 30f.) und *Fotografien* (S. 32f.) vor allem das *Exzerpieren* und *Transkribieren* (S. 34f.) von Texten sowie das *Protokollieren* (S. 38f.) – ermöglicht Ihnen ein selbstständiges wissenschaftliches Arbeiten und soll Freude am forschenden Lernen wecken.

- Unsere detaillierten Anregungen zur Äußeren Form und Gestaltung Ihrer schriftlichen Arbeit liefern Ihnen verlässliche Anhaltspunkte u.a. zum *Aufbau* (S. 42ff.), zur *Bibliografie* (S. 45ff.) und zur *Zitierweise* (S. 48f.).

- Am Ende Ihrer Fach- oder Seminararbeit ist es möglich, dass Sie in einem mündlichen Vortrag Ihre schriftlich ausgearbeiteten Ergebnisse „rüberbringen" müssen. Im Hinblick auf die Präsentation Ihrer Arbeit zeigt Ihnen dieser Leitfaden verschiedene Wege sowohl zur *Vortragstechnik*

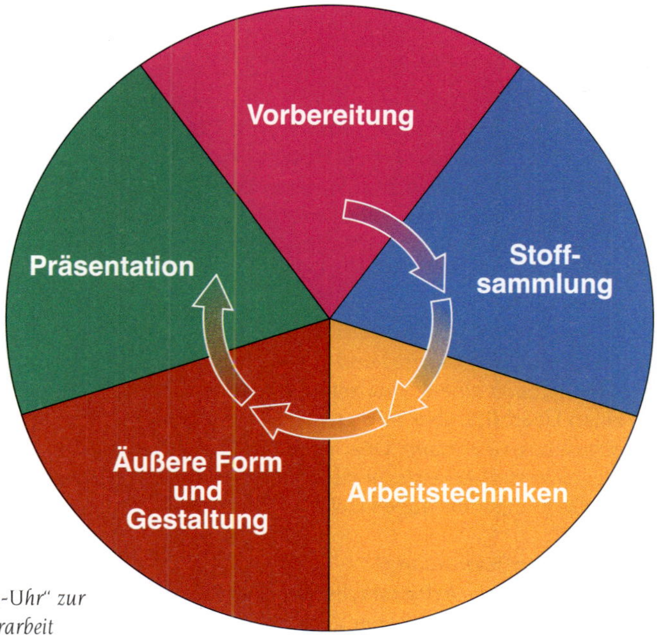

„Phasen-Uhr" zur Seminararbeit

(S. 58f.) als auch zur *Visualisierung* (S. 60f.). Ein besonderes Augenmerk haben wir auf die Darstellungsform der allseits beliebten *PowerPoint-Präsentationen* gelegt (S. 62f.).

Um sicher zum Ziel zu gelangen, müssen Sie den Leitfaden nicht Seite für Seite durchlesen. Durch die Wahl Ihres Faches und Ihres Themas bestimmen Sie vielmehr selbst, welche Methoden der Stoffsammlung für Sie in Frage kommen bzw. welche Arbeitstechniken für Ihren wissenschaftlichen Erkenntnisgewinn am besten geeignet sind.

Der Leitfaden enthält thematisch abgeschlossene Themenblöcke. Einzelne Module können so in beliebiger Reihenfolge genutzt und jederzeit frei kombiniert werden. Gleichwohl ist es sinnvoll, die Phasen Ihrer schriftlichen Arbeit in der chronologischen Abfolge zu durchlaufen, die Ihnen das Inhaltsverzeichnis (S. 3) anbietet. Aus diesem Grund sind die Buchseiten mit den Farben der hier dargestellten *Phasen-Uhr* versehen. So wird Ihnen stets angezeigt, in welcher Phase – der Vorbereitung, der Stoffsammlung, der Arbeitstechniken, der Äußeren Form und Gestaltung oder der Präsentation – Sie sich befinden.

Wir wünschen Ihnen bei der Erstellung Ihrer Facharbeit bzw. Ihrer Seminararbeit viel Freude und viel Erfolg!

Das Autorenteam

1. Vorbereitung

1.1 Allgemeines

Der vorgegebene Umfang einer Fach-/Seminararbeit umfasst meist 10 bis 25 reine Textseiten. Anschauungsmaterialien wie z. B. Fotos, Grafiken, Tabellen oder Versuchsanordnungen sind hier nicht mit eingerechnet. Die Arbeit muss in einem klar definierten Zeitrahmen angefertigt, schriftlich eingereicht und oftmals in einer → (Abschluss-)**Präsentation** vorgestellt worden sein. Ziel der schriftlichen Arbeit ist es, Sie auf das wissenschaftliche Arbeiten an einer Universität oder Fachhochschule vorzubereiten.

Obwohl Sie durch individuelle Beratungsgespräche vom Kursleiter unterstützt werden, liegt es doch allein in Ihrer Verantwortung, die Arbeit formal und inhaltlich einwandfrei anzufertigen und fristgerecht einzureichen. Daher ist zuerst einmal eine zeitliche Planung sinnvoll: Verschaffen Sie sich in einer Art „Zeitleiste" einen Überblick über Ihre privaten und schulischen Termine in dem für die Fach-/Seminararbeit angesetzten Zeitraum. Überlegen Sie anschließend, wann Ihnen Zeit für die Arbeit bleibt und welche konkreten Arbeitsschritte in welchem freien Zeitfenster platziert werden können. Dazu sollten Sie sich folgende Fragen stellen:

- Wie lange benötige ich für die → **Stoffsammlung?**
- Wie lange benötige ich für die einzelnen → **Arbeitstechniken,** insbesondere für die Auswertung des gesammelten Materials oder der durchgeführten Versuche?
- Welchen Zeitrahmen muss ich für die → **Äußere Form und Gestaltung** veranschlagen, d. h. konkret …

… wann soll ein Rohentwurf einschließlich Gliederung vorliegen?
… ab wann muss die Arbeit ausformuliert und fertig gestellt werden?
… wie viel Zeit benötige ich für das Tippen und eine ansprechende Formatierung der Arbeit?
… bleibt genügend Zeit für das Korrekturlesen und Verbessern von Fehlern und Layout? *(Kalkulieren Sie hierzu mindestens ein bis zwei Wochen ein; Layoutmängel und Verstöße gegen die sprachliche Richtigkeit sind in einer Fach- oder Seminararbeit, deren Bearbeitungszeitraum mindestens ein halbes Jahr beträgt, nicht akzeptabel!)*

Wichtig: Vergessen Sie nicht, Pufferzeiträume für unvorhergesehenen Zeitverlust einzuplanen.

Im Rahmen des Kurses bzw. Faches, in dem Sie die Arbeit schreiben, sollte, so irgend möglich, eine Exkursion in eine Universität oder eine fachwissenschaftlich gut ausgestattete Bibliothek erfolgen. Unter Anleitung des dortigen Fachpersonals sollten Bibliotheksrecherchearbeiten durchgeführt und eingeübt werden. Einen Überblick zu den Standorten der deutschen Universitäten und Fachhochschulen liefert die Karte auf S. 7.

Vermeiden Sie beim Schreiben der Arbeit unbedingt Floskeln oder Doppelungen wie z. B.:

– „Zusammenfassend lässt sich sagen …"
– „Abschließend lässt sich sagen …"
– „Ding der Unmöglichkeit"
– „insofern, als dass …"
– „aufoktroyieren"
– „auseinander dividieren"
– „hinterfragen"
– „bereits schon"
– „irgendwie"
– „kontrovers diskutieren"
– „vorprogrammieren"
– „wegen dem" (!)
– „letztendlich"
– „Eigeninitiative"

Hochschulen in Deutschland

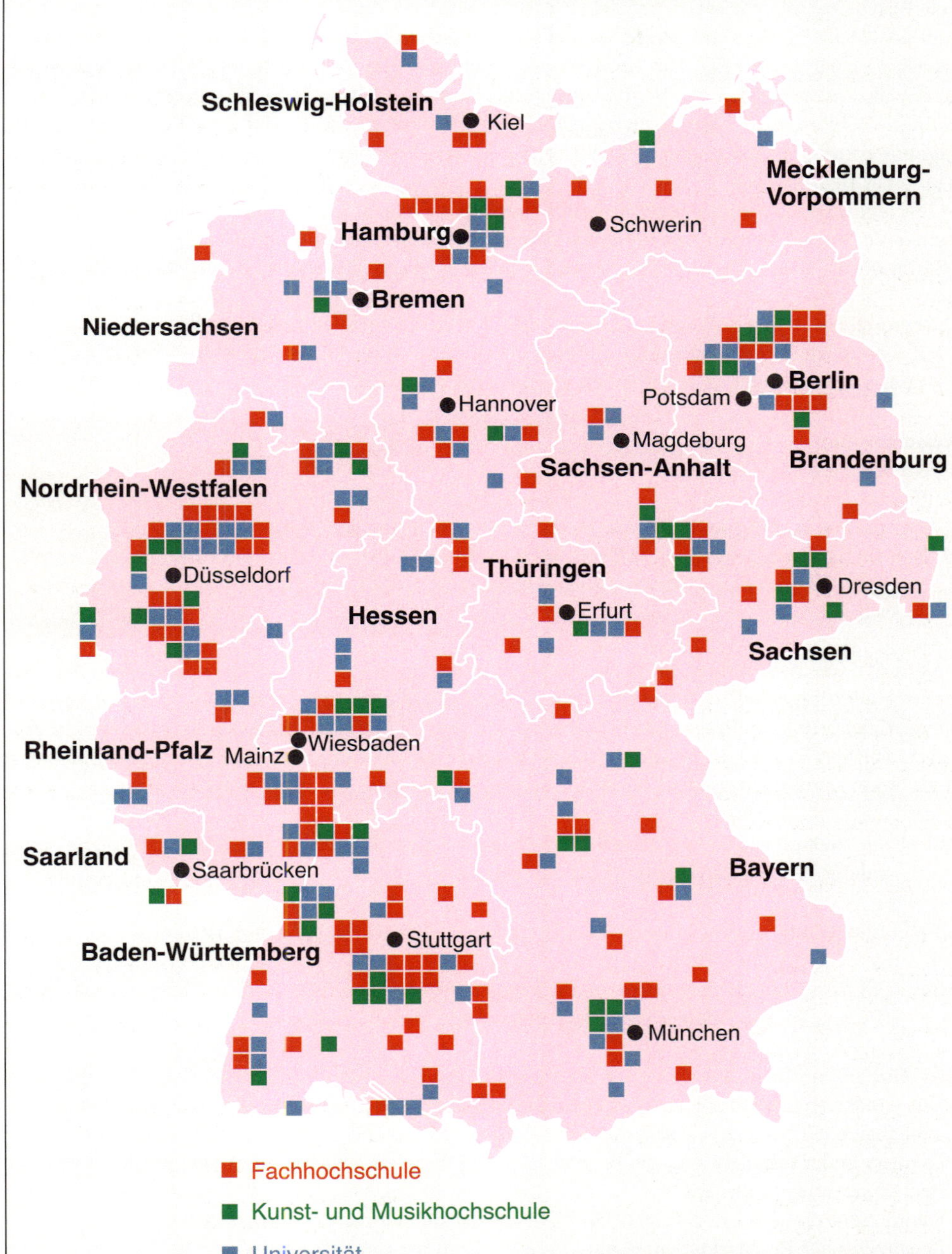

L & P / 3840

Quelle: Bundesministerium für Bildung und Forschung 2009

1.2 Strategien zur Themenfindung und Themenformulierung

Viele Bearbeiter einer wissenschaftlichen Arbeit haben bei der *Themenfindung* die sprichwörtliche Qual der Wahl. Es gilt: Die frühzeitige und klare Entscheidung für ein Thema vermeidet das zeitintensive und enervierende Hin- und Herspringen zwischen verschiedenen Themen. Halten Sie dabei während der gesamten Vorbereitungszeit Kontakt zu Ihrer Kursleitung, um evtl. aufkommenden Problemen gemeinsam zu begegnen. Vielleicht haben die Kursleiter weitere Tipps für Sie. Folgende Strategien sollten Sie bei der Themenfindung beachten:

1. Überlegen Sie, ob Sie bereits erworbenes Spezialwissen (z. B. aus einer ehrenamtlichen Tätigkeit, einer Vereinsarbeit oder einem Hobby) thematisch umsetzen können!
2. Sammeln Sie Ideen. Ein Blick in wissenschaftliche → (Fach-)**Literatur** ist hilfreich.

Zu Beginn Ihrer Arbeit sollten Sie sich auf jeden Fall zwei zentralen Fragen stellen:
- Für wen ist das Thema relevant – für Sie als Bearbeiter oder für den geneigten Leser?
- Ist das Thema aktuell bzw. behandelt es eine originelle Problematik?

Beachten Sie:
1. *Rennen Sie keinen Modethemen hinterher!*
2. *Grenzen Sie „Ihr" Thema ein!* Es ist eine Leistung, eine konkrete Problemstellung aufzuwerfen und gerade auch Aspekte auszuklammern. Weniger ist manchmal mehr.
3. *Wählen Sie daher „machbare" Themen!* Sie müssen nämlich in der Lage sein, Ihr Thema sowohl in einem begrenzten Zeitraum zu bearbeiten als auch im Rahmen Ihrer abschließenden → **Präsentation** darzustellen.

Eng mit der Themenfindung hängt die *Themenformulierung* zusammen. Es ist sehr wichtig, dass aus der Formulierung eine Problemstellung ersichtlich wird. Aus einem gut formulierten Thema kann sich die Gliederung der Präsentation dann fast von selbst ergeben. Gerade in den gesellschaftswissenschaftlichen Fächern ist es wichtig, dass Sie eine Fragestellung bzw. eine Leitfrage entwickeln, die es Ihnen ermöglicht, zu problematisieren und kontroverse Meinungen aufzuzeigen.

Beispiel: „In meiner Fach-/Seminararbeit geht es mir um folgende Fragestellung: Welche Rolle spielte Vincent van Gogh für die Kunstwelt?"

Diese Fragestellung ist zu allgemein. Das Thema wirkt altbacken und uninteressant.

Besser: „In meiner Fach-/Seminararbeit möchte ich klären, inwiefern sich die impressionistische Technik in den Selbstporträts Vincent van Goghs widerspiegelt."

Fazit: Finden und formulieren Sie ein Thema also nach folgenden Kriterien:
1. Das von Ihnen gewählte Thema soll gerade für Sie persönlich relevant sein. Vermeiden Sie daher tunlichst, ein Thema z. B. von Freunden oder älteren Geschwistern einfach zu übernehmen.
2. Es muss Ihnen möglich sein, die Problemstellung Ihres Themas in einem Satz verständlich und nachvollziehbar zu umreißen.
3. Mindestens eines der drei folgenden Ziele sollten Sie in Ihrer Arbeit verfolgen:
- *Beschreibung* (z. B. „Marktstrategien eines mittelständischen Unternehmens");
- *Erklärung* (z. B. „Ursachen für die Krise der Volksparteien"; „Ursachen für Kopfschmerzen");
- *Prognose* (z. B. „Die Zukunft des Alpentourismus"; „Szenario: Die Zukunft der Arbeitswelt").

1.3 Eigenorganisation

Neben dem richtigen Zeitmanagement kommt Ihrer Eigenorganisation eine hohe Bedeutung zu. Die Fach- oder Seminararbeit ist die umfangreichste und zeitaufwändigste schriftliche Arbeit Ihrer schulischen Karriere. Um bei der Fülle des gesammelten und auszuwertenden Materials nicht den Überblick zu verlieren, ist es ratsam, von Anfang an ein Ordnungssystem zu pflegen. Ihr Ordnungssystem sollte so organisiert sein, dass Sie das Thema stets im Auge behalten.

Der erste Schritt besteht darin, sich mittels einer *Mind-Map* („Gedächtniskarte") einen Überblick über das Thema, dessen Umsetzungsmöglichkeiten, die benötigten Materialien und Personen, die Wege der → **Stoffsammlung** sowie die Methoden und → **Arbeitstechniken** zu verschaffen. Eine Mind-Map hat den zusätzlichen Vorteil, dass sie stets ergänzbar und veränderbar bleibt.

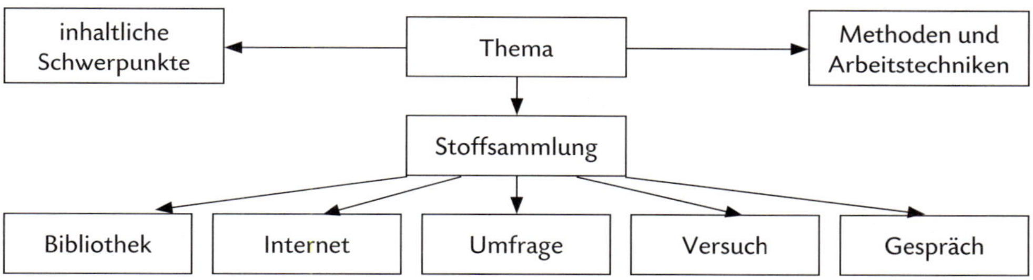

Der zweite Schritt ist die Anlage einer *Arbeitsmappe* oder eines *Arbeitsordners.* Dies kann traditionell handschriftlich erfolgen oder in digitalisierter Form. Wenn es Ihnen leichter fällt, traditionell zu arbeiten, sollten Sie sich einen Ordner mit Register anschaffen. Die Register beschriften Sie entsprechend der Schwerpunkte, die Sie in der Arbeit setzen möchten. Alles, was Sie in der Phase der *Stoffsammlung* an Material sammeln, heften Sie unter den betreffenden Registerkarten ab. Dabei dürfen Sie nie vergessen, auf jedem Material zu verzeichnen, um was es sich handelt, wo Sie es gefunden haben und wann Sie an das Material gekommen sind. Dies erspart Ihnen weiteren Aufwand in der Schreibphase. Achten Sie daher darauf, bei kopierten Literaturauszügen, Grafiken, → **Statistiken** oder → **Fotografien** stets eine vollständige → **bibliografische** Angabe auf der Kopie zu notieren, sowie – falls Sie später noch etwas nachschlagen möchten – die Bibliothekssignatur des Werkes. Bei → **Umfragen** und → **Versuchen** sollten Sie das Datum sowie eventuelle besondere Umstände bei der Durchführung in Ihren Unterlagen vermerken. Bei → **Betriebsbesichtigungen** oder → **Expertengesprächen** sollten Sie sich immer auch nach dem Namen und der Funktion Ihres Gesprächspartners erkundigen und ebenfalls Ort, Datum und Uhrzeit des Gesprächs notieren. Speziell bei → **Internetrecherchen** hat es sich bewährt, die aufgerufene Homepage auf der Festplatte Ihres PC zu speichern und das Download-Datum zu vermerken. Die Webseiten, die Sie später wirklich in der Arbeit verwenden, kopieren Sie auf einen digitalen Datenträger. Diesen geben Sie am besten mit ab.

Für die *Auswertungsphase* legen Sie sich einen zweiten Ordner an, dessen Registerkarten den Oberpunkten Ihrer Gliederung entsprechen. Hier werden dann die bearbeiteten und ausgewerteten Materialien abgelegt. So können Sie in der anschließenden *Schreibphase* Kapitel für Kapitel „abarbeiten". Sollten Sie lieber am PC arbeiten wollen, so empfiehlt es sich, eigene Dateiordner für jedes geplante Kapitel anzulegen, um digitalisiertes Material dort geordnet ablegen zu können. Vergessen Sie auch in diesem Fall nie, zu vermerken, wann Sie das Material heruntergeladen haben, von wem es stammt und wo Sie es gefunden haben.

2. Stoffsammlung

2.1 Literaturrecherche

Die Fach-/Seminararbeit soll Spaß machen. Dazu ist allerdings selbstständiges Arbeiten und Forschen notwendig. Verschiedene Kompetenzen lassen sich dabei erlernen oder verbessern:

- die Abgrenzung einer Fragestellung;
- das Aufspüren von Dokumenten und Publikationen;
- die Analyse von Information;
- die Formulierung persönlicher Überlegungen zu einem bestimmten Thema;
- die Gesprächsführung mit verschiedenen Interviewpartnern/Experten;
- die eigene Kritikfähigkeit;
- die schriftliche Ausdrucksweise.

Ein erster wichtiger Baustein Ihrer Forschungsarbeit ist die Literaturrecherche. Ihre Fach-/Seminararbeit soll nicht in ein Vakuum stoßen, sondern vielmehr bestehende Literatur sinnvoll und systematisch aufnehmen. Erst eine ausgiebige Literaturrecherche ermöglicht Ihnen die Antwort auf die Frage, ob Ihr Thema für Sie auch wirklich realisierbar ist. Keinesfalls sollten Sie die Literaturrecherche aber überschätzen: Sie ist lediglich ein Hilfsmittel zur Unterstützung des eigenen Denkprozesses.

Im Mittelpunkt Ihrer Literaturrecherche steht die Beschäftigung mit schriftlichen Quellen. Als *Primärquellen* kommen für Sie Zeitungsartikel, Gesprächsnotizen oder – bei einer historisch gelagerten Arbeit – auch Archivmaterialien in Betracht. Die Suche nach Literatur ist ein weites Feld. Lexika, Sachwörterbücher, Nachschlagewerke, Sammelbände, Fachzeitschriften und Einführungen stehen Ihnen dazu grundsätzlich als *Sekundärquellen* zur Verfügung.

Es gilt der Grundsatz: Eine gute Recherche am Anfang spart Ihnen später Zeit und Mühe. Freilich müssen Sie auch beim Schreiben Ihrer Arbeit immer wieder Literatur recherchieren. Die Literaturrecherche ist also ein laufender Prozess. Den Zugang erleichtert Ihnen die Technik des → **Bibliografierens.** Ihr Quellen- und → **Literaturverzeichnis** stellen Sie zusammen, indem Sie in Sachkatalogen einer Universitätsbibliothek nach Stichworten, konkreten Buchtiteln oder Autoren „fahnden". Die Zusammenstellung der Bibliografie kann anhand des Literaturverzeichnisses von geeigneten Fachbüchern, durch Literaturbesprechungen in Fachzeitschriften oder überregionalen Zeitungen wie der Frankfurter Allgemeinen Zeitung (FAZ), der Zeitung „Die Welt" oder der Süddeutschen Zeitung (SZ) sowie anhand des Sachkatalogs einer Bibliothek erfolgen.

Freilich werfen die Sachkataloge von Bibliotheken ein gewichtiges Problem auf: Bloße Schlagwörter einzugeben, hilft Ihnen in den wenigsten Fällen wirklich weiter. Die Eingabe von zentralen Stichworten wie „Erosion", „Impressionismus", „Demokratie", „binomische Formeln" oder „Deutschland" führt zu Ergebnissen, die Sie förmlich erschlagen. Wenn Sie also zu allgemein recherchieren und „alles Mögliche" um das Thema herum sammeln, stehen Aufwand und Ertrag schnell in einem Missverhältnis – die Unübersichtlichkeit des Materials steigt, nicht aber Ihr Erfolgsgefühl. Sinnvoll ist es daher, gerade die bestehenden Bibliografien aus geeigneten Fachbüchern zu durchforsten. Sie sollten daher vor allem verständliche Einführungsbücher oder Beiträge aus Fachzeitschriften nutzen, und es empfiehlt sich – wie so oft – ein möglichst präzises Arbeiten.

Literatur- und Informationsquellen für eine wissenschaftliche Arbeit

Art der Quelle	*Charakteristikum*	*Verwendung*
Lehrbuch	verschafft einen Überblick	Einordnung/Erfassung des Themas
Fachzeitschrift	aktuell, hochwertig, mitunter (über-)komplex	spezifisches Wissen zu konkreten Punkten
Sammelband/Handbuch	breites Spektrum (nicht immer systematisch und leicht zu erfassen)	Einführung in Teildisziplinen
Lexikon	knappe Begriffsdarstellungen	Nachschlagen zentraler Begriffe
Tages-/Wochenzeitung	aktuell (regionale und überregionale Blätter)	Erkennen aktueller Diskussionen und Kontroversen
Internet	sehr aktuell, aber höchst unterschiedliche Qualität (Problem der Überprüfbarkeit)	(internationale) Daten, Praxisbeispiele (evtl. eigene Ergänzungen nötig)

Zwei *Suchtechniken* erleichtern Ihnen die Literaturrecherche:

- *Schneeballsystem:* Sie spüren eine einfache Literaturquelle (Lehrbuch oder Fachaufsatz) auf und recherchieren über dessen Literaturverzeichnis weitere Literatur. Ihre Zahl an Fundstellen wächst somit. Freilich bleibt Ihnen auch hier die eigene Auswahl (Selektion) nicht erspart. Sie sind zudem sehr von der ersten Literaturquelle abhängig, die sehr ergiebig, verlässlich und zudem aktuell sein muss.
- *Hubschrauberperspektive:* Mit einer systematischen Suche versuchen Sie, Ihr gewähltes Gebiet wissenschaftlich kennenzulernen. Sie arbeiten hier stark mit Schlüsseln, d. h. mit einem genauen Blick auf Stichworte, Begriffe und Autoren. Es könnte zudem hilfreich sein, sich auf einen Forschungsansatz zu konzentrieren, der wiederum zentrale Bedeutung für Ihre Arbeit hat.

Im Endeffekt sollten Sie Folgendes beachten:

- Erst nach Festlegung Ihrer zentralen Fragstellung lohnt sich die Literaturrecherche wirklich.
- Ohne Verarbeitung fachlich hochwertiger Literatur (Fachbeiträge) nehmen Sie sich selbst die „Butter vom Brot" und können wahrscheinlich weniger schlüssig argumentieren.
- Auch die gründlichste Literaturrecherche erspart Ihnen nicht das eigenständige Schreiben.

2.2 Internetrecherche

Die Recherche im Internet hat sich zu einer Basismethode der bequemen Informationsbeschaffung entwickelt. Allerdings müssen die leicht zugänglichen Inhalte sorgsam geprüft werden. Da eine lange Gültigkeit keineswegs garantiert ist, drucken Sie Ihre Internetquelle entweder aus oder speichern diese auf dem Computer. Überschätzen Sie die Internetrecherche dabei nicht, denn den Königsweg zu einer guten Fach- oder Seminararbeit werden Sie dort nicht finden. Fest steht, dass der Klick im Internet weder den Gang in die Bibliothek noch die Lektüre der Fachliteratur noch die eigene Kreativität ersetzt. Vergaloppieren Sie sich also nicht in der Internetrecherche!

Aufbau einer Internetadresse: Eine Information im Internet ist dann brauchbar, wenn ihr eine unverwechselbare und eindeutige Adresse zugrunde liegt. Die Internetadresse, die URL (Uniform Resource Locator; dt.: einheitlicher „Quellenanzeiger") ist stets nach dem gleichen Schema aufgebaut: Sie beginnt mit dem Dienst *http:* (für Hypertextübertragungsprotokoll), dann folgt ein Verzeichniswechsel *//*, dann die Wahl des Verzeichnisses (Subdomain), meist *www* (World Wide Web), anschließend die Trennung durch einen Punkt (dot). Danach folgt der Name, die Domain (Bereich) und zum Schluss nach einem weiteren *dot* der Top-Level-Bereich (in der Regel das Herkunftsland *de* für Deutschland, *at* für Österreich, *ch* für die Schweiz, *fr* für Frankreich sowie *eu* für die Europäische Union und *com* für die USA und alle anderen international ausgelegten Adressen). Nach dieser Adresse folgen der Pfad und der Dateiname.

Beispiel: http://www.suchmaschinen-tippgeber.de/Neue_Links/

Bei der Verwendung für Ihre Arbeit ist es wichtig, dass Sie alle diese Angaben berücksichtigen. Für den Download (z. B. eines pdf-Dokuments) haben Sie es mitunter mit sehr langen Adressen zu tun. Jede Internetadresse darf nur Buchstaben und Zahlen enthalten, einen Bindestrich (-) und die Tilde (~). Klammern und Leerzeichen finden sich hingegen nicht. Wenn Sie Texte aus dem Internet → **zitieren,** sollten Sie neben dem Portal stets auch das Zugriffsdatum angeben – denn der abgedruckte Text existiert in manchen Fällen nicht dauerhaft.

Suchmaschinen und Suchtechniken: Beliebt aufgrund ihrer Schnelligkeit sind die zahlreichen Suchmaschinen im Netz, insbesondere *Google, Yahoo* und *Altavista.* Über dieses Vorgehen gelangen Sie zwar rasch an viele Informationen, Sie können mitunter aber Schwierigkeiten mit einem Wust an ungefilterten, qualitativ höchst unterschiedlichen und manchmal sehr fragwürdigen Informationen bekommen. Bedenken Sie: Eine unendliche Trefferanzahl und zusammenhangslose Informationen behindern die Suche nach Qualitätstexten eher, anstatt sie zu fördern. Die Suchmaschinen selbst legen eine Rangfolge nach Häufigkeit fest. Unseriöse Websitebetreiber haben sich aber vielfach „nach oben" eingeschlichen. Wenn Sie bei Google ein Suchwort wie „Seminararbeit" eingeben, dann erhalten Sie in 0,29 Sekunden 445 000 Treffer (Stand: 20. 8. 2009).
Selten ist es möglich, unmittelbar nach Eingabe des gesuchten Begriffs brauchbare Treffer zu erzielen. Eine sinnvolle Handhabung für wissenschaftliche Zwecke scheint damit kaum möglich. Wenn Sie dennoch mit Stichworten arbeiten möchten, bieten sich folgende Verknüpfungen an:

and = die Suchbegriffe müssen gemeinsam in einem Dokument vorkommen
not = ein Begriff muss enthalten sein, der zweite darf nicht vorkommen
or = die Suchbegriffe können gemeinsam oder getrennt vorkommen
near = mit diesem Operator werden zwei Begriffe gesucht, die nicht weiter als 10 Zeichen voneinander entfernt in einem Text vorkommen (und dadurch inhaltlich in Zusammenhang stehen)

Wissen aus dem Netz

Früher gab es Nachschlagewerke und Enzyklopädien wie den Brockhaus oder Meyers Großes Taschenlexikon nur in Buchform. Mit den neuen Techniken lassen sich Lexika hingegen per CD-ROM käuflich erwerben oder, noch einfacher, im Internet nachschlagen. Besonders empfehlenswert, da verlässlich, ist hier das Online-Lexikon der Bundeszentrale für politische Bildung (bpb) unter *www.bpb.de/wissen.*

Einen neuartigen Weg geht das weltweit bekannte Online-Lexikon *Wikipedia,* für Deutschland unter der Adresse *www.wikipedia.de* abrufbar. Auch hier können Sie Fachwissen zu allen erdenklichen Themen nachschlagen. Im Vergleich zu den Inhalten auf der Website der Bundeszentrale handelt es sich bei Wikipedia allerdings um ein „open source"- oder „Mitmachlexikon": Jeder Benutzer kann eigene Fachbeiträge einstellen oder bestehende Beiträge korrigieren und ist damit zugleich Produzent und Konsument von Wissen. Tausende ehrenamtliche Autoren allein in Deutschland erweitern und pflegen das Lexikon. Gerade darin liegt aber auch eine Gefahr: Nicht alle Wikipedia-Inhalte können in Fach- oder Seminararbeiten unbedenklich Verwendung finden, denn immer wieder tauchen infolge des teilweise ungeprüften Wissens fehlerhafte oder bewusst manipulierte Einträge auf. Gerade bei der Darstellung von brisanten Sachverhalten und umstrittenen Persönlichkeiten kommt es so manchmal zu Verzerrungen, bis hin zu Verschwörungstheorien. Daher ist vor einer gänzlich unkritischen Nutzung von Wikipedia in wissenschaftlichen Arbeiten zu warnen. Es existieren sehr seriöse Nachschlagewerke im Internet, die exakter auf wissenschaftliche Standards ausgerichtet sind (Stand: 20. 8. 2009):

Nachschlagewerk	**Internetadresse**
Duden	*www.duden.de*
Spiegel Wissen	*www.wissen.spiegel.de*
Übersetzungen (Deutsch-Englisch, -Französisch, -Spanisch, -Italienisch, -Chinesisch)	*www.leo.org*
Polixea – Informationsdienst für Politik	*www.polixea-portal.de*
Lexikon des Rechts	*www.lexikon-recht.de*

Viele Aufsätze aus Fachzeitschriften sind mittlerweise bequem über das Internet abrufbar, mitunter aber kostenpflichtig. Viele Universitätsbibliotheken verfügen jedoch über kostenlose Zugänge.

Unter folgenden Links können Sie Videos oder Audios zu tagesaktuellen Themen aus Politik, Wirtschaft, Gesellschaft und Zeitgeschehen herunterladen (Stand: 30. 1. 2010):

- *www.ardmediathek.de* (Mediathek der ARD)
- *www.arte.tv* (Internetangebot des Fernsehsenders ARTE)
- *www.br-online.de/br-mediathek* (Mediathek des Bayerischen Rundfunks)
- *www.dradio.de/portale/audio* (Audio-Portal des Deutschlandfunks)
- *www.euronews.net* (Euronews)
- *www.mdr.de/mediathek* (Mediathek des Mitteldeutschen Rundfunks)
- *www.ndr.de/mediathek* (Mediathek des Norddeutschen Rundfunks)
- *www.phoenix.de* (Internetangebot des Fernsehsenders PHOENIX)
- *www.wdr.de/mediathek* (Medienseite des Westdeutschen Rundfunks)
- *www.zdf.de/ZDFmediathek* (Mediathek des ZDF)

2.3 Umfragen und Fragetechniken

Die Durchführung von Umfragen ist eine wesentliche Forschungsmethode der Sozial- und Geschichtswissenschaften. Man unterscheidet zwischen der *standardisierten Befragung* und der *nicht-standardisierten Befragung*.
Bei der *standardisierten Befragung* besteht der Fragebogen aus geschlossenen Fragen mit vorgegebenen Antwortmöglichkeiten und fester Fragenabfolge. Die Anzahl der Personen, die vom Interviewer persönlich, schriftlich, telefonisch oder online befragt wird, ist groß. Der Zeitrahmen ist eng gesteckt. Probleme ergeben sich durch die Künstlichkeit der Interviewsituation und die geringe Flexibilität des Interviewers bzw. der interviewten Person. Bei der *nicht-standardisierten Befragung* existiert statt eines vorstrukturierten Fragebogens lediglich ein Leitfaden zur Gesprächsführung. Dies gestattet dem Interviewer ein hohes Maß an Flexibilität. Die Anzahl der Personen, die vom Forschenden persönlich befragt wird, ist klein. Das Interview dauert erheblich länger als bei der standardisierten Variante. Probleme ergeben sich bei der Auswertung der Daten und der Definition der Messkriterien.

Grundsätzlich unterscheidet man vier Fragetypen:
- *Einstellungsfragen* können auch als Alternativfragen gestellt werden, indem zwei Antwortmöglichkeiten vorgegeben werden (Bsp.: „Extremistische Parteien sollten verboten werden: ja/nein.").
- *Überzeugungsfragen* können offen gestellt werden, in Multiple-Choice-Form oder als Alternativfragen (Bsp.: „Was denken Sie, wie viele Menschen haben nicht genügend Trinkwasser?").
- *Verhaltensfragen* sollen die Dauer, Häufigkeit und Art eines bestimmten Verhaltens erfassen (Bsp.: „Trennen Sie regelmäßig Ihren Hausmüll?").
- *Sozialstatistische Fragen* können offen gestellt werden, in Multiple-Choice-Form oder als Alternativfragen (Bsp.: „Wie hoch ist Ihr durchschnittliches monatliches Haushaltsnettoeinkommen?").

Bei den Frageformen wird zwischen *offenen* und *geschlossenen Fragen* unterschieden. Je offener die Fragestellung ist, desto mehr Spielraum hat der Befragte bei der Beantwortung. Das Fehlen fester Antwortkategorien erschwert andererseits die Auswertung der Ergebnisse. Es kann ferner zwischen *direkten* und *indirekten* Fragen unterschieden werden. Mithilfe indirekter Fragen sollen Erkenntnisse zu Tage gebracht werden, die dem Befragten selbst nicht bewusst sind. In diese Kategorie gehören z. B. Assoziationsfragen (Bsp.: „Woran denken Sie, wenn Sie das Wort ‚Sowjetunion' hören?").

Folgende Regeln sollten Sie bei der Ausarbeitung Ihres Fragenkatalogs beachten:
- Die Fragen sollten kurz und prägnant formuliert sein. Vermeiden Sie Fremdwörter, Fachausdrücke und Abkürzungen; diese Regel gilt eingeschränkt auch bei der → **Expertenbefragung**.
- Die Fragen sollten allgemein verständlich und positiv formuliert sein. Vermeiden Sie daher umgangssprachliche Ausdrücke oder Dialekt.
- Fragen mit doppelter Negation lassen Raum für Vermutungen und Unterstellungen und erschweren das Verständnis. Sie sind insofern zu vermeiden (Bsp.: „Sind Sie nicht unglücklich über ...?").
- Vermeiden Sie wertbesetzte Begriffe; formulieren Sie neutral (Bsp.: „Vorgesetzter" statt „Boss").
- Stellen Sie keine Suggestivfragen (Bsp.: „Sie sind doch sicher auch der Meinung, dass die Steuern gesenkt werden müssen, oder?") bzw. hypothetischen Fragen (Bsp.: „Gesetzt den Fall, der Archaeopteryx wäre nicht ausgestorben, hätten dann nicht ...?").
- Stellen Sie keine mehrdimensionalen Fragen, sondern pro Sachverhalt stets nur eine.
- Überfordern Sie Ihren Interviewpartner nicht (Bsp.: „Wie viel Prozent Ihres Bruttogehalts geben Sie täglich für Lebensmittel aus?").

Beim Aufbau Ihres Fragebogens sollten Sie folgende Regeln beherzigen:

- Jeder Fragebogen beginnt mit einer *Eröffnungsfrage*, die dazu dient, das „Eis" zwischen Interviewer und Partner zu „brechen"; diese Frage muss nicht zwangsläufig zielgerichtet sein.
- Da die Aufmerksamkeit Ihres Gegenübers mit zunehmender Fragedauer sinkt, sollten die wichtigsten Fragen im zweiten Drittel des Fragebogens stehen.
- Arbeiten Sie – wenn nötig – mit sogenannten *Trichterfragen*, indem Sie während der Befragung vom Allgemeinen schrittweise zum Besonderen vordringen.
- Schalten Sie den einzelnen Frageblöcken sogenannte *Filterfragen* vor. Diese gewährleisten, dass bestimmte Fragenkomplexe nur von Personen beantwortet werden, die zu diesem Thema tatsächlich etwas beitragen können (Bsp.: „Waren Sie in Ihrer Jugend in der HJ?"). Wird eine solche Frage verneint, können Sie zum nächsten Fragenblock übergehen.
- Den Filterfragen ähnlich sind die sogenannten *Gabelfragen*: Sie selektieren in unterschiedliche Anschlussfragen (Bsp.: „Sind Sie a) römisch-katholisch, b) evangelisch oder c) überhaupt nicht getauft?"). Auf Antwort A folgt ein anderer Fragenblock als auf Antwort B. Mit Antwort C wird der Fragenblock übersprungen. Filter- und Gabelfragen helfen, überflüssige Fragen zu vermeiden.
- Mischen Sie, so möglich, offene und geschlossene Fragestellungen.
- Stellen Sie heikle Fragen erst am Ende des Interviews und nur dann, wenn sich vorher eine positive Gesprächsatmosphäre eingestellt hat.
- Prüfen Sie kritisch die Länge Ihres Fragebogens; überlegen Sie, ob ggf. Kürzungen nötig sind.

Bei der praktischen Vorbereitung des Interviews sollten Sie im Vorfeld überlegen, ob die Interviews von einem oder mehreren (Hilfs-)Interviewern durchgeführt werden sollen. Entscheiden Sie sich für mehrere Interviewer, so hat dies den Vorteil, dass Sie sich selbst entlasten und damit aufnahmefähiger sind: Die Bedienung des Aufnahmegeräts und das Führen des Protokolls lenkt Sie nicht von der Gesprächsführung ab. Der Nachteil liegt darin, dass die Anwesenheit einer dritten Person die Gesprächssituation grundsätzlich ändert; dies kann, muss sich aber nicht negativ auf die Gesprächsatmosphäre auswirken.

Bevor Sie Ihren ersten Interviewtermin wahrnehmen, sollten Sie Ihr Arbeitswerkzeug auf Funktionalität prüfen. Die Aufnahme der Interviews erfolgt in der Regel mit einem Diktafon; einige Handys und der iPod verfügen ebenfalls über Aufnahmefunktionen: Prüfen Sie aber im Vorfeld, auf wie viele Minuten die Aufnahme begrenzt ist. Kleiden Sie sich der Situation angemessen: Bei staatlichen und behördlichen Würdeträgern oder auch bei Vertretern von Industrie und Handel wird das Auftreten in Anzug und Krawatte bzw. entsprechender Damen-Bekleidung erwartet. Ebenso sollten Sie auf Pünktlichkeit achten. Kommen Sie unverschuldet zu spät, so informieren Sie Ihren Interviewpartner so schnell wie möglich, am besten mit einem kurzen Telefonanruf.

Bevor Sie mit dem Interview beginnen, sollten Sie Ihrem Gegenüber in einer „Aufwärmphase" die Möglichkeit geben, sich in die Situation einzufinden. Ein kurzer Small Talk erleichtert das Gespräch – auch für Sie. Ihr Auftreten sollte dabei freundlich und zurückhaltend sein. Sichern Sie Ihrem Gesprächspartner eingangs zu, dessen Aussagen bzw. Daten vertraulich zu behandeln und stellen Sie ihm/ihr jederzeit frei, auf eine Frage nicht zu antworten. Holen Sie sich in diesem Zusammenhang auch die Erlaubnis zur Tonbandaufzeichnung ein.

Folgende Regeln gilt es während des Interviews zu beachten:

- Gestalten Sie die Gesprächssituation so natürlich wie möglich und vermeiden Sie ein reines Ablesen der Interviewfragen.
- Halten Sie Blickkontakt; unterbrechen Sie Ihr Gegenüber nur bei grober Themenabschweifung und ermöglichen Sie ihm/ihr (Denk-)Pausen.
- Seien Sie flexibel und ziehen Sie eventuell Fragenkomplexe vor, falls sich dies aus der Gesprächsführung ergibt: Versuchen Sie nicht, um jeden Preis an Ihrem Aufbau festzuhalten.
- Klären Sie Dinge, die Sie nicht verstanden haben, mit kurzen und eindeutigen Nachfragen.
- Zeigen Sie sich kompetent und konziliant.
- Vermeiden Sie Bewertungen der Aussagen Ihres Interviewpartners: Bleiben Sie neutral.
- Lassen Sie sich nicht in ein zwar zwangloses, aber nicht zielführendes Gespräch verwickeln.
- Bleiben Sie stets auf Ihr Gegenüber konzentriert.

Beispiel für einen Fragebogen zu einer standardisierten (Online-)Befragung:

Frage 1: Wenn Sie an die letzte Zeit bei Ihnen, in Ihrem eigenen Wohnumfeld denken, wie stark fühlen Sie sich persönlich von folgenden Lärmquellen gestört und belästigt?

Ich fühle mich in der letzten Zeit durch …	äußerst gestört und belästigt	stark gestört und belästigt	mittelmäßig gestört und belästigt	etwas gestört und belästigt	überhaupt nicht gestört und belästigt
Straßenverkehr					
Flugverkehr					
Schienenverkehr					
Nachbarn					
Baustellen					

Frage 2: Wenn Sie an die letze Zeit bei Ihnen, in Ihrem eigenen Wohnumfeld denken, wie stark haben Sie sich durch *den Lärm aller Geräuschquellen* insgesamt gestört und belästigt gefühlt?

Ich fühle mich in der letzten Zeit durch den Lärm aller Geräuschquellen zusammen …	äußerst gestört und belästigt	stark gestört und belästigt	mittelmäßig gestört und belästigt	etwas gestört und belästigt	überhaupt nicht gestört und belästigt

Frage 3: Können Sie Ihre Nachbarn durch die Wohnungstrennwand oder -decke wahrnehmen?

Die Geräusche meiner Nachbarn sind …	sehr gut wahrnehmbar	gut wahrnehmbar	mittelmäßig wahrnehmbar	etwas wahrnehmbar	gar nicht wahrnehmbar
Trifft für mich nicht zu					

Aus: Umweltbundesamt (Hrsg.): Lärm. Online-Umfrage zur Lärmbelästigung in Deutschland; gekürzt; Stand: 8.8.2007; abrufbar unter www.umweltbundesamt.de/laermumfrage/formular.php (Zugriff am 9.7.2009)

2.4 Betriebserkundung

Wenn Sie Ihre Fach- oder Seminararbeit insbesondere im Fach Wirtschaft, gegebenenfalls aber auch in anderen Fächern, schreiben, kann eine Betriebserkundung für die Anfertigung Ihrer Arbeit vonnöten sein. Im Rahmen einer Betriebserkundung können Sie die Merkmale und Probleme eines Unternehmens oder einer Branche veranschaulichen. Im Gegensatz zu einer *Betriebsbesichtigung*, bei der große Besuchergruppen zügig die Produktionsstätten abschreiten und mittels eines längeren Vortrags über Ziele und Philosophie der betreffenden Firma informiert werden, findet im Rahmen der *Betriebserkundung* eine intensive Auseinandersetzung mit einem Unternehmen statt. Eine derartige vertiefte Untersuchung kann sich nur auf einzelne Bereiche innerhalb des Unternehmens bzw. einzelne Themen beziehen und benötigt eine genau durchdachte Planung und Vorbereitung. Im Zentrum des Erkenntnisgewinns steht meist das Gespräch mit dem Management und/oder den Beschäftigten des Betriebs.

Die Auswahl des Betriebs ergibt sich aus der Zielsetzung der Erkundung und der Art des Themas. Wenn Sie z. B. die Migrationseinflüsse auf das Ausbildungsniveau von Arbeitnehmern untersuchen sollen, so müssen Sie den Fokus auf einen Betrieb richten, der eine ausreichend große Zahl an zugewanderten Arbeitskräften beschäftigt.

Da Betriebe besonders für Erkundungen längere Vorlaufzeiten benötigen, wird Ihr Kursleiter/Ihre Kursleiterin bereits ein halbes Jahr vorher eruiert haben, welcher Betrieb sich für Ihr Thema eignet. Dann müssen Sie nur noch klären, ob die Kontaktaufnahme durch Sie selbst geschehen soll. Bevor Sie sich mit der Firma in Verbindung setzen, sollten Sie zumindest über ein grobes Konzept verfügen, aus dem das Ziel und die Vorgehensweise Ihrer Betriebserkundung ersichtlich werden. Von folgenden Aspekten können Sie sich bei der Konzeption Ihrer Arbeit leiten lassen:

- *Betriebsorganisation* (Hierarchie, Kernprozesse, Unterstützungsprozesse, Logistik etc.)
- *Fertigungsorganisation* (Gruppenarbeit, selbstständige Gruppenarbeit, Einzelarbeit, Fließbandarbeit, teilautonomes Team etc.)
- *Fertigungsprozesse* (neue Technologien, z. B. Automatisierungsgrad, Anteil der Handarbeit etc.)
- *Veränderungen* (Verhältnis von Losgröße zu Automatisierungsgrad, Ökologie etc.)
- *Kompetenzprofile* (Teamfähigkeit, Kommunikationsfähigkeit, Präsentationsfähigkeit, Prozesswissen, Verantwortungsbereitschaft, Qualitätsbewusstsein etc.)
- *Überbetriebliche Aspekte* (Interessenvertretung, Gesundheitswesen, Instandhaltung etc.)
- *Berufserkundung* (Aufgaben- und Tätigkeitsbereiche, Verantwortlichkeiten, Spezialkenntnisse, berufsspezifische/berufsfremde Tätigkeiten etc.)

Mit diesen Aspekten lassen sich folgende Zielsetzungen/Erwartungen der Erkundung formulieren:

- Erkennen der *Kerngeschäfte* einer Firma
- Verdeutlichen der *Größe und Bedeutung* einer Firma durch Variablen wie Anzahl der Mitarbeiter, Flächengröße des Konzerns, Umsatz, Marktanteile
- Erkennen der *Organisationsstruktur* eines Betriebs
- Erkennen der Formen des *Produktionsprozesses* (z. B. Losgrößenproduktion, Wertstromprinzip) und der Formen der *Arbeitsorganisation* (Einzel-, Gruppen- oder Fließfertigung)
- Erkennen der *Vernetzung* der Firma mit Lieferanten und Kunden
- Erkennen der innerbetrieblichen *Aus- und Weiterbildung*
- Erkennen des *Kompetenzprofils* der Mitarbeiter
- Ermittlung des *Qualifizierungsgrads* der Mitarbeiter anhand einer → **statistischen** Erfassung
- Erkennen der *Einstellungspraxis* der Firma

Nach der Kontaktaufnahme und der Zielformulierung mit der von Ihnen oder dem Kursleiter gewählten Firma wird der organisatorische Rahmen geklärt. Dazu müssen Sie Termine vereinbaren sowie den Ablauf der Erkundung skizzieren. Zudem sollten im Vorfeld folgende Fragen geklärt werden:

- Wer ist mein Ansprechpartner im Betrieb und wie erreiche ich ihn/sie (Telefon, Handy, Email etc.)?
- Welches Informationsmaterial bekomme ich von der Firma, evtl. zusätzlich zum Internetauftritt?
- Gibt es die Möglichkeit, betriebseigene Ressourcen zu verwenden (z. B. Besprechungsräume)?
- Welche technischen Hilfsmittel kann ich zur Dokumentation der Erkundung verwenden (Fotoapparat, Digitalkamera, Diktiergerät etc.)? Besteht in manchen Bereichen Fotografierverbot?
- Welche Sicherheitsaspekte, z. B. bei der Kleidung, sind zu beachten?

Einen Leitfaden zur Erstellung eines Interviews sowie zur korrekten Fragetechnik finden Sie in Kapitel 2.3 (S. 14–16). Folgende Vorschläge bilden daher nur eine Anregung zu Fragen, die zu unterschiedlichen *Unternehmensbereichen* sinnvoll gestellt werden können:

Betriebliche Leistungserstellung

- Welche Produkte werden erstellt bzw. welche Dienstleistungen werden erbracht (Kerngeschäft)?
- Welche neuen Technologien kommen zum Einsatz und wie hoch ist der Automatisierungsgrad?
- Welche Tätigkeiten stehen im Produktionsprozess zentral?

Betriebliche Organisation

- In welche Abteilungen ist die Firma gegliedert und wie ist deren Zusammenarbeit organisiert?
- Wie werden die Mitarbeiter in innerbetriebliche Entscheidungsprozesse einbezogen?
- Hat das Unternehmen Standorte im Ausland bzw. gehört es zu einem internationalen Konzern?

Wirtschaftliche Situation

- Wie viele Mitarbeiter werden intern oder extern (z. B. als Zulieferer) beschäftigt?
- Wie stark ist die Konkurrenz bzw. die eigene Stellung am (internationalen) Markt?
- Wie gestaltet sich die aktuelle Auftragslage im Vergleich zur vergangenen oder prognostizierten?

Körperliche Anforderungen

- Werden für eine beobachtete Tätigkeit bestimmte körperliche/geistige Anforderungen verlangt?

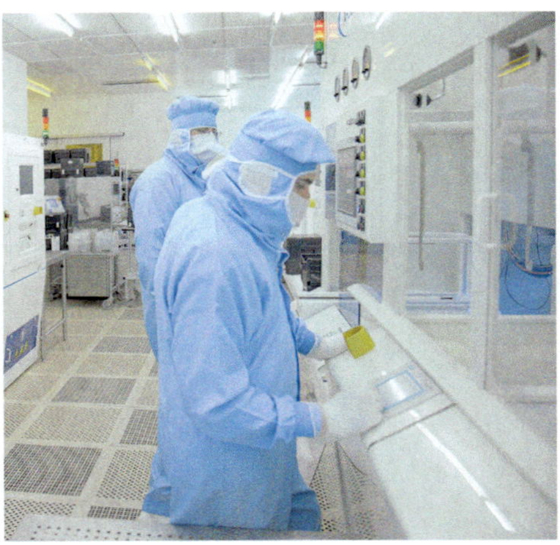

Herstellung von Computerchips

Arbeit in einem Kunsthandwerksbetrieb

- Welche belastenden Faktoren wirken von außen auf die Arbeit ein (Lärm, Hitze etc.)?
- Wie ist die Arbeitzeit geregelt (Gleitzeit, Schichtbetrieb etc.)?

Geistige und soziale Anforderungen
- Welche fachlichen Qualifikationen sind zur Bewältigung der jeweiligen Tätigkeit vonnöten?
- Welche Möglichkeiten für Fortbildungen gibt es? Wie häufig werden diese wahrgenommen?
- Wiederholen sich Tätigkeiten oder stellt das Betätigungsfeld stets neue Anforderungen an den Arbeitnehmer?

Betriebliche Ausbildung
- Wie viele Auszubildende kann der Betrieb aufnehmen?
- Welche Berufe können in der Firma erlernt werden?
- Wie wird die Qualität der Ausbildung firmenintern gewährleistet?

Innerbetriebliche Interessenvertretung der Arbeitnehmer
- Verfügt die Firma über einen Betriebsrat?
- Wie viel Prozent der Belegschaft sind gewerkschaftlich organisiert?
- Wie verläuft die Zusammenarbeit der Geschäftsführung mit dem Betriebsrat?

Ökologische Aspekte
- Welche Umweltbelastungen entstehen durch die Produktion?
- Wie hoch ist der Energiebedarf des Unternehmens? Werden Einsparpotentiale ausgenutzt?
- Arbeitet der Betrieb unter umweltrechtlichen Auflagen? Wie oft wird staatlicherseits kontrolliert?

Im Anschluss an die Erkundung sollte möglichst zeitnah eine Abschlussbesprechung zur Klärung von Fragen und Vertiefung einzelner Aspekte erfolgen, am besten noch vor Ort. Sollten weitere Termine notwendig sein, können diese bereits jetzt vereinbart werden. In einem nächsten Schritt erfolgt die Auswertung Ihrer Erkundungsergebnisse, die gleichzeitig auch Ihre → **Stoffsammlung** darstellt. Je detaillierter Sie daher während der Erkundung protokolliert und mitnotiert haben, umso leichter fällt es Ihnen später, auf dieser Basis die Fach- oder Seminararbeit zu schreiben.

Spargelbauer mit Erntehelfern

Fertigungsstraße in der Automobilindustrie

2.5 Expertenbefragung

Die Sachinformationen für Ihre Fach- bzw. Seminararbeit erhalten Sie meist aus der von Ihnen gewählten Primär- und Sekundärliteratur, Ihren Versuchsergebnissen sowie Ihren → **Exzerpten** und → **Transkriptionen** aus audio-visuellen Medien. Daneben haben Sie die Möglichkeit, sich Informationen „aus erster Hand" zu beschaffen, im Gespräch mit Experten und/oder Zeitzeugen.

Entsprechend Ihrer fachlichen Ausrichtung können folgende Personen Ihre Ansprechpartner sein:

- *naturwissenschaftliche Fächer (Mathematik, Informatik, Physik, Chemie, Biologie):* Wissenschaftler und Forscher, aber auch Personen aus der freien Wirtschaft, die sich in ihrer Firma mit Naturwissenschaft und Technik beschäftigen;
- *Sozialkunde, Religion und Ethik:* lokale, regionale oder landes- und bundesweite Amtsträger, Bürgermeister, Stadt- und Gemeinderäte, Politiker aller Couleur, Verwaltungsangestellte und -beamte, Polizisten, Zeitungsredakteure, Pfarrer, Sozialarbeiter und Unternehmer, aber auch – bei soziologisch orientierten Interviews – ganze Bevölkerungsteile;
- *Wirtschaft und Recht:* Richter, Staats- und Rechtsanwälte sowie Unternehmer und Arbeitnehmer;
- *Geographie:* Geologen, Meteorologen, Beamte/Angestellte z. B. eines Vermessungsamtes etc.;
- *Geschichte:* Experten aus der Wissenschaft, insbesondere Hochschullehrer und -dozenten, Archivare, Museumsangestellte, vor allem aber Zeitzeugen;
- *Sprachen (Deutsch, Englisch, Französisch, Latein etc.):* neben Literatur- und Sprachwissenschaftlern auch Zeitungsredakteure, Journalisten, Schriftsteller und natürlich „native speakers".

Vier zentrale Fragen dienen als *Leitfaden* zur Expertenbefragung:

1. Wer ist Experte? Welche Anforderungen haben Sie an ihn?

- Das wichtigste Auswahlkriterium ist die Sachkunde des Experten und seine Fähigkeit zur sachlichen Darstellung von Problemen. Ein Mitglied eines Tierschutzverbandes wird die Notwendigkeit von Tierversuchen anders beurteilen als ein Vertreter der Pharmaindustrie. Bei prekären und gesellschaftlich umstrittenen Fragestellungen empfiehlt es sich daher, mehrere Experten beider „Lager" zu befragen, um zu objektiven Ergebnissen zu gelangen.
- Der Experte sollte in der Lage sein, sein Wissen verständlich zu vermitteln.
- Seine Aussagen sollten sinnvoll verwertbar und zitierbar sein.

2. Wie ist eine Expertenbefragung vorzubereiten?

- Grenzen Sie den Bereich Ihrer Fach- bzw. Seminararbeit ein, bei dem ein Expertengespräch sinnvoll erscheint.
- Lassen Sie sich frühzeitig einen Termin bei dem von Ihnen gewählten Experten geben. Teilen Sie dabei mit, wer Sie sind, was Sie konkret wollen und wie viel Zeit das Gespräch vermutlich in Anspruch nehmen wird. Klären Sie bei dieser Gelegenheit auch, wo das Gespräch stattfinden soll. Falls der Experte bei der ersten Kontaktaufnahme bereits genauere Auskünfte von Ihnen erwartet, ist es sinnvoll, eine detaillierte Vorstellung über den geplanten Gesprächsverlauf oder das Interview parat zu haben.
- Als nächstes sollten Sie die Inhalte des Interviews und die konkreten Fragen und → **Fragetechniken** planen. Bedenken Sie: Nur derjenige kann qualifizierte und zielorientierte Fragen stellen, der sich in die Materie bereits eingearbeitet hat. Nichts ist (sowohl für den Fragenden als auch den Befragten) peinlicher, als ein Gespräch mit einem unqualifizierten Interviewer zu führen. Achten Sie bei der Erarbeitung des Fragebogens darauf, sämtliche für Ihre Arbeit relevanten Fragen auch tatsächlich zu stellen. Eine zweite Befragungsmöglichkeit ergibt sich nämlich selten. Sollte Ihr Interviewpartner

Expertenbefragung

Ihren Fragebogen bereits im Vorfeld zur Vorbereitung des Gesprächs anfordern, so müssen Sie abwägen, ob dies dem Erkenntnisgewinn Ihrer Fach-/Seminararbeit entgegen kommt oder nicht. Im naturwissenschaftlichen Bereich ist eine Vorbereitung des Befragten auf das Interview meist problemlos. Im gesellschaftswissenschaftlichen Feld hingegen, z. B. bei der Befragung von Zeitzeugen oder Vertretern politischer Parteien, besteht die Gefahr der „Realitätsschönung", wenn Sie dem Befragten längere Zeit zum Überlegen und Vorformulieren einräumen.

- Die Fragen sollten einfach und klar verständlich formuliert sein. Dabei sind Suggestivfragen oder mehrdimensionale Fragen zu vermeiden.
- Kleiden Sie sich der Situation angemessen. Ein gepflegtes Erscheinungsbild ermöglicht Ihnen oft bessere Interviewergebnisse.

3. Wie wird die Expertenbefragung durchgeführt?

- Zu Beginn stellen Sie sich Ihrem Interviewpartner/Ihrer Interviewpartnerin vor und bedanken sich dafür, dass er/sie für ein Expertengespräch zur Verfügung steht.
- Stellen Sie Ihre Fragen in möglichst entspannter Atmosphäre. Wenn Sie etwas nicht verstehen, scheuen Sie sich nicht davor, nachzufragen. Wenn Sie inhaltlich Schwierigkeiten haben, der Antwort zu folgen, sprechen Sie Ihre Probleme offen an. Viele Experten sprechen von ihrem Fachgebiet oft nur für andere Experten verständlich; auf Nachfrage sind sie aber meist in der Lage, sich auch für Laien so auszudrücken, dass man dem Thema folgen kann. Genügt Ihnen eine Antwort inhaltlich nicht, sollten Sie mit Zusatzfragen „nachhaken".
- Nach dem Interview bedanken Sie sich bei Ihrem Gesprächspartner und teilen ihm mit, wie Sie mit den Interviewergebnissen weiter verfahren werden.

4. Wie wird die Befragung ausgewertet?

- Zuerst → **transkribieren** Sie das (z. B. per Dictafon oder Digitalkamera) aufgenommene Interview.
- Anschließend → **exzerpieren** Sie das Interview und arbeiten die wesentlichen Aussagen Ihres Interviewpartners heraus.
- Diese Aussagen können nun bei der Ausfertigung der Arbeit herangezogen werden, sowohl als sinngemäßes als auch als wörtliches → **Zitat**.
- Die digitalisierte Aufnahme und der transkribierte Text des Interviews müssen der Arbeit – eventuell im → **Anhang** – beigelegt werden.

2.6 Strukturwandel-Recherche

Gesellschaftlicher Strukturwandel hat viele Aspekte. Er kann sowohl den Wandel ganzer Gesellschaften als auch den Wandel von Teilen des Gesellschaftssystems, z. B. des Wirtschaftssystems, meinen. Wer die Rahmenbedingungen und Bezugspunkte des eigenen Lebens verstehen und in überregionale Zusammenhänge einordnen will, muss in der Lage sein, den wirtschaftlichen Strukturwandel in der eigenen Region nachvollziehen zu können.

Ursachen und Folgen des Strukturwandels:

- *ökonomische Ursachen und Folgen:* Eine Region kann mit den in ihr produzierten Gütern in Qualität und Preis nicht mehr mit anderen Regionen konkurrieren.

Ein Beispiel für einen vornehmlich ökonomisch erzwungenen Strukturwandel stellt die Stadt Selb in Oberfranken dar, die sich seit Mitte des 19. Jahrhunderts zu einem der wichtigsten deutschen Standorte in der Herstellung von Porzellanwaren entwickelt hatte. Von Mitte der 1970er Jahre an, also mit dem Übergang von der Industrie- zur Dienstleistungsgesellschaft, gingen die Beschäftigungszahlen in diesem Wirtschaftszweig allerdings stetig zurück. Nach 1989 befanden sich die Selber Firmen in direkter Konkurrenz zu Anbietern aus den ehemaligen Ostblockstaaten und China, denen man aufgrund der hohen Lohn- und Lohnnebenkosten hierzulande nichts entgegensetzen konnte. Verstärkt wurde der Effekt durch den Wegfall der sogenannten Zonenrandförderung. Auch die struktur- und regionalpolitischen Fördermaßnahmen der EU konnten den Niedergang der oberfränkischen Porzellanindustrie und den dortigen Arbeitsplatzverlust nicht aufhalten.
Ein weiteres Beispiel für den ökonomisch bedingten Strukturwandel wäre die bereits seit den 1960er Jahren eingetretene Inrentabilität der Stahlerzeugung. Betroffen waren hiervon Stahlwerke, insbesondere im Ruhrgebiet und im Saarland. Ebenso führte der politische Umbruch in Ostdeutschland nach dem Zusammenbruch der DDR zu einem gewaltigen wirtschaftlichen Strukturwandel in den neuen Bundesländern. Infolge des Übergangs der Planwirtschaft zur Marktwirtschaft, kam es zur Liquidierung ganzer Industriezweige. Als Beispiel mag die Auflösung des DDR-Computerherstellers „Robotron" dienen: Nur 5 Prozent der ehemals 68 000 Beschäftigten konnten in Nachfolgeunternehmen weiterbeschäftigt werden.

- *systemisch-soziologische Ursachen und Folgen:* Der Übergang vom primären zum sekundären zum tertiären Sektor zwingt eine Gesellschaft dazu, ihren Bildungsstand den Bedürfnissen des jeweils höheren Sektors anzupassen. Auch infrastrukturelle Maßnahmen sind hierbei vonnöten.

Ein Beispiel hierfür bilden vor allem die Regionen Süddeutschlands, die nach dem Zweiten Weltkrieg vorwiegend agrarisch geprägt waren. Da die Nahrungsmittelproduktion relativ rasch rationalisiert werden konnte, wurden viele Arbeitnehmer freigesetzt. Der Mangel an Rohstoffen, der dem Süden seit Beginn der Industrialisierung zum Nachteil gereicht hatte, sollte sich nun als Vorteil erweisen: Während Bundesländer wie z. B. Nordrhein-Westfalen oder das Saarland nach wie vor in die Kohle- und Stahlindustrie investierten, gelang in Bayern und Baden-Württemberg mithilfe staatlicher Strukturpolitik relativ schnell die Ansiedlung solcher Industriezweige, die nicht auf die Verarbeitung von Rohstoffen, sondern auf Bildung, Forschung und Entwicklung angewiesen waren. Dazu zählen der Maschinen- und Fahrzeugbau, die Luft- und Raumfahrttechnik, die Elektrotechnik, die Optik und die chemische Industrie.

Analyse des Strukturwandels in Ihrer Region:
Um den Strukturwandel in Ihrer Region vollständig erfassen zu können, sollten Sie verschiedenste Informationsquellen nutzen und im Team arbeiten. Folgende Arbeitsschritte bieten sich an:

- *Informations- und Materialsammlung:* Starten Sie mit der Lektüre des Wirtschaftsteils Ihrer Lokalzeitung oder einer überregionalen Zeitung (z. B. Frankfurter Allgemeine Zeitung, Süddeutsche Zeitung, Handelsblatt). Recherchieren Sie in Stadt- und Unternehmensprospekten oder im Internet (z. B. auf der Homepage der eigenen Gemeinde). Weitere Anlaufstellen wären:
  - Rathaus/ Stadtverwaltung; dort: Stadtarchiv, Planungsamt und Amt für Wirtschaftsförderung
  - Arbeitsamt; dort: Statistisches Büro
  - Industrie- und Handelskammer (IHK), Handwerkskammer (HWK)
  - Geschäftsstellen der politischen Parteien und Gewerkschaften
  - Bibliotheken und private (sowie kirchliche) Archive
  - Zeitzeugenbefragungen

- *Materialsichtung:* Verschaffen Sie sich einen Überblick über das von Ihnen zusammengetragene Material, setzen Sie Schwerpunkte und formulieren Sie detaillierte Fragestellungen, die Sie bei Ihrer weiteren Untersuchung leiten sollen.

- *Arbeitsteilung:* Teilen Sie sich in Arbeitsgruppen auf, die sich jeweils mit einem ganz bestimmten Problem beschäftigen, etwa mit der Frage
  - welche Art von Strukturwandel es in der Vergangenheit gab,
  - welche Ursachen dem Strukturwandel zugrunde lagen,
  - welche Probleme entstanden sind,
  - auf welchen künftigen Wandel sich Ihre Region wird einstellen müssen und
  - welche Probleme möglicherweise entstehen werden.

- *Auswertung:* Möglich ist z. B. die Simulation einer Strukturkonferenz, bei der Sie Ihre bisherigen Ergebnisse vorstellen und ggf. Experten hinzuziehen, die Sie bei Ihren Recherchen kennengelernt haben. Erarbeiten Sie gemeinsam Leitfragen zu den Entwicklungsperspektiven Ihrer Region:
  - Wie könnte die Zukunft in unserer Region aussehen?
  - Welche Entwicklungen müssten gefördert werden?
  - Welche Auswirkungen ergeben sich damit für unser eigenes Leben?
  - Was ist zu tun, was zu unterlassen?

- *Präsentation (S. 58 ff.):* Eine Möglichkeit besteht z. B. darin, Ihre Ergebnisse im Rahmen einer Fotoausstellung oder eines Videofilms zu zeigen.

Das ehemalige Hochofenwerk „Phoenix West" in Dortmund ist in buntes Licht getaucht. Rund 500 Scheinwerfer lassen das Industrie-Relikt im Februar 2004 für drei Nächte „erstrahlen". Das einst florierende Stahl- und Hüttenwerk hatte 1998 seine Produktion eingestellt.

3. Arbeitstechniken

3.1 Literaturauswertung und Lesetechniken

a) Literaturauswertung

Es ist eine große Kunst, den Berg an Literatur, den Sie im Rahmen Ihrer → **Literatur-** und/oder → **Internetrecherche** angehäuft haben, in eine feste Ordnung zu bringen. Karteikarten oder Zettel helfen Ihnen dabei, nicht die Übersicht zu verlieren. Grundsätzlich sollten Sie schon zu Beginn darauf achten, Ihre Materialsammlung so anzulegen, dass sie in einer späteren Arbeitsphase nicht noch einmal mühsam wiederholt werden muss.

Ihre Literatur lässt sich sehr gut auswerten, indem Sie die für Ihr Thema wesentlichen Stellen markieren. Entweder haben Sie Kopien Ihrer Literatur gemacht und arbeiten mit verschiedenfarbigen Textmarkern, oder Sie markieren bei Dateien den Text am Computer-Bildschirm. Es macht sicherlich wenig Sinn, die Texte an dieser Stelle bereits vollständig zu → **exzerpieren** bzw. sämtliche Ansichten der fremden Autoren in wörtlichen → **Zitaten** festzuhalten. Besser ist es, in eigenen Worten kurz den Zusammenhang des Textes zu notieren oder seinen Inhalt zu umschreiben. Achten Sie dabei stets auf die persönliche Nachvollziehbarkeit von Argumentationen, die sie später als indirektes Zitat in der Seminararbeit kenntlich machen können. Interessante Ergebnisse sind zu erwarten, wenn Sie später verschiedene Darstellungen zum gleichen Thema vergleichen und zueinander in Bezug setzen können. Der Wert wissenschaftlicher Erkenntnis lebt nämlich von der Diskussion und dem schriftlichen Austausch unterschiedlicher – allerdings gut begründeter – Standpunkte.

Ihre Technik der Literaturauswertung sollte sich nach dem Stand des Arbeitsprozesses richten. Je weiter fortgeschritten Sie beim Erstellen Ihrer Fach- oder Seminararbeit sind, desto gezielter werten Sie die Literatur aus. Folgende Tendenz sollten Sie beachten: Am Anfang lesen Sie Bücher von A bis Z, am Ende nur noch punktuell, dafür umso intensiver. Letztgenanntes gilt insbesondere, wenn der → **Aufbau** bzw. die Gliederung Ihrer Arbeit „stehen" und Sie Ihre Fragestellung präzisiert haben.

Arbeitsprozess	Literaturauswertung
Beginn	„Sammeln und Horten" (assoziativ)
nach Erstellen der Gliederung	gezielte Auswertung (Themenrelevanz der Literatur prüfen; irrelevante Literatur scheidet aus)
Präzisierung der Fragestellung	– Differenzierung von sehr wichtiger, wichtiger und weniger wichtiger Literatur – Ordnung der Literatur entlang der einzelnen Gliederungspunkte
„mitten im Schreibprozess"	ergänzende Literaturbeschaffung („weiterführende Literatur"); intensives, sehr zielgerichtetes Lesen

Literatur-Tipp mit praktischen Übungen zum besseren Lesen:

- Fred N. Bohlen/ Gabriele A. Forster: Effizient lesen. Eine systematische Hilfe für alle, die zu viel zu lesen haben, Renningen 2008

b) Lesetechniken

Ständiges Lesen gehört zur Routine beim Schreiben einer Fach- bzw. Seminararbeit. Gerade, weil es eine Selbstverständlichkeit ist, machen sich viele Leute darüber kaum Gedanken. Das führt dazu, dass die Wenigsten nach dem Lesen detailliert wissen, was sie überhaupt gelesen haben. Wir kennen verschiedene Arten des Lesens. Im frühen Stadium Ihrer Arbeit wird die Beschäftigung mit einzelnen Büchern meist noch auf das Überfliegen längerer Textstellen hinauslaufen. Dieses *kursorische Lesen* verfolgt das Ziel, einen Eindruck vom Stoff zu gewinnen und eine erste gedankliche Systematisierung und Gliederung entlang Ihrer Fragestellung vorzunehmen. Im nächsten Schritt der Auswertung geht es um das sorgfältige Durcharbeiten fremder Standpunkte, das *studierende Lesen:* Die Literatur wird gründlicher unter die Lupe genommen.

Der Blick für das Wesentliche: Beim Schreiben einer Fach- bzw. Seminararbeit stehen Sie vor der Herausforderung, aus einer Flut von Informationen auszuwählen und dabei zwischen Ballast und wichtigen Informationen klar zu trennen. Effektives und effizientes Lesen bedeutet, den „Leseballast" von Anfang an auszudünnen und nur die wichtigen Informationen herauszufiltern. Dazu gehört etwa, nicht jedes Buch von A bis Z durchzulesen, sondern lieber ganz bestimmte, für Ihre Arbeit und Ihre Argumentation wichtige Unterkapitel zu durchdringen. Oft hilft bereits ein genauer Blick auf das Inhaltsverzeichnis eines Buches, um sich unnötigen Aufwand zu ersparen.

Konzentriertes Lesen: Versuchen Sie, sich beim Lesen nicht von äußeren Einflüssen (z. B. Musik) ablenken zu lassen. Wenn Sie während des Lesens durch Anruf, SMS oder Besuch gestört werden, müssen sie meist von vorne anfangen. Die ganze Arbeit war dann vielleicht umsonst. Sie erhöhen Ihre Konzentrationsfähigkeit, indem Sie z. B. auch unnötige Lichtquellen im Raum ausschalten und unter Ihrer Arbeitsleuchte am Schreibtisch ganz bewusst nur Ihren Text fokussieren.

Blitz-Methode: Sie ermöglicht, schnell zu lesen und während des Lesens mitzudenken. Gedankliche Abschweifungen können so vermieden werden. Folgendes Vorgehen bietet sich an:
1. Schritt: Wo verstecken sich die für meine Arbeit essentiellen Hauptaussagen?
2. Schritt: Was will der Verfasser des Textes eigentlich ausdrücken?
3. Schritt: Welche Fakten und Argumente sind für meine Arbeit bedeutsam?
4. Schritt: Was kann ich für meine Arbeit verwenden und unter Umständen direkt umsetzen?

Textmarker: Wer sich wichtige Textstellen merken will, wird einen Text mehrmals lesen müssen. Hier kommen farbige Textmarker ins Spiel. Allerdings macht nur bewusstes Markieren Sinn. Markieren aufs Geratewohl stiftet eher Verwirrung und macht diese Technik wertlos.

Richtig markieren
- das Thema erfassen (Überschrift, Fettgedrucktes, Zusammenfassung);
- den Text lesen (kursorisch oder studierend);
- eine Pause einlegen; den Text überdenken;
- den Text gezielt markieren;
- den markierten Text evtl. mit handschriftlichen Ergänzungen versehen.

Lesen am PC: Durch → **Internetrecherchen** landet eine Flut von Informationen auf Ihrem Bildschirm. Hier ist große Vorsicht geboten, denn bei Menschen, die länger am Computer sitzen, treten Belastungen der Augen auf. Es empfiehlt sich daher, Texte ausdrucken, denn damit gewinnen Sie einen besseren Überblick und können Korrekturen vornehmen oder „richtig markieren".

3.2 Umgang mit Texten

Politik kommt nicht ohne gesprochene oder geschriebene Texte aus. Viele Sachtexte aber sind auch nach dem ersten Durchlesen noch schwer zu verstehen. Es macht darum Sinn, sich einem Text systematisch zu nähern und seine Inhalte zu „erarbeiten". Folgende Schritte können dabei nützlich sein:

1. Schritt: die Frage nach dem „Was" (Gegenstand des Textes)
- Lesen Sie den Text zuerst langsam und gründlich durch und bereiten Sie ihn auf, indem Sie mithilfe eines farbigen Textmarkers unklare Stellen markieren. Kopieren Sie den Text ggf. vorher.
- Klären Sie danach (evtl. unter Verwendung eines Lexikons) die gekennzeichneten Problemstellen.
- Verfassen Sie anschließend ein → **Exzerpt** des Textes, bei dem Sie die Hauptaussagen des Autors bzw. der Autorin für jeden Absatz einzeln benennen.

2. Schritt: die Frage nach dem „Wie" (Textsorte und Textaufbau)
- Überlegen Sie zunächst, um welche Art von Text es sich handelt (Bericht, Nachricht, Reportage, Kommentar, → **Rede**, Interview, Gesetzestext etc.). Oft lassen sich bereits anhand der Textart erste Schlüsse zur Intention des Autors bzw. der Autorin ziehen.
- Der Aufbau des Textes ist daraufhin zu analysieren, ob es eine Ausgangsfrage gibt, die dann argumentativ logisch und überzeugend (Behauptung – Begründung – Beweisführung) erörtert wird, oder ob der Text eher darstellt, beschreibt, erklärt oder definiert und sich dabei an einer (unsichtbaren) Gliederung orientiert.

3. Schritt: die Frage nach dem „Womit" (Sprachstil)
- Zuerst sollten Sie den Text daraufhin untersuchen, ob er sich einer Fachsprache bedient (Fremdwörter etc.) oder ob er allgemeinverständlich geschrieben ist. So klären Sie, an welche Leserschaft der Text gerichtet ist (z. B. an eine Expertengruppe oder an breiteres Publikum).
- Prüfen Sie danach, ob der Autor/die Autorin auffallende stilistische Mittel verwenden. Auch an politischen Schlüsselbegriffen werden häufig inhaltliche Absichten erkennbar. Achten Sie dabei besonders auf das Mittel der Ironie (meinen Autor/Autorin wirklich das, was sie sagen?).

4. Schritt: die Frage nach dem „Wozu" (Intention des Autors/ der Autorin)
- Als erstes müssen Sie sich hier fragen, welche Intention der Text verfolgt: Will er einfach informieren oder will er den Leser beeinflussen oder von etwas argumentativ überzeugen? Ist letzteres der Fall, wäre zu fragen, welche konkrete Botschaft der Text vermittelt.
- Die Aussageabsicht eines Autors bzw. einer Autorin erschließt sich häufig über deren politische (oder ideologische) Standpunkte. Oft genügt das verwendete Vokabular (siehe 3. Schritt), die Kenntnis des Organs, in dem er/sie veröffentlicht (z. B. eine Zeitschrift), oder der Organisation, der er/sie angehört, (z. B. eine politische Partei), um diesen Standpunkt herauszufinden.
- Eine weitere Möglichkeit, die Intention des Autors bzw. der Autorin zu erschließen, besteht in der Bestimmung der Zielgruppe, an die sich der Text richtet.

Auf S. 27 sind zwei Beispieltexte zur Menschenrechtssituation in der Russischen Föderation abgedruckt. Wie die Untersuchung der beiden Texte gemäß der hier gezeigten Methode aussehen könnte, lesen Sie auf S. 28.

Text 1:

Amnesty International: Die Menschenrechtssituation in der Russischen Föderation 2007

Menschenrechtsverteidiger und Verfechter einer von staatlicher Bevormundung freien Zivilgesellschaft gerieten im Berichtszeitraum zunehmend ins Visier der Behörden, die die Rechte auf freie Meinungsäußerung und Versammlungsfreiheit mit drastischen Mitteln zu unterdrücken versuchten. Journalisten sahen sich Einschüchterungsversuchen und Anschlägen ausgesetzt. Eine von ihnen, Anna Politkowskaja, bezahlte für ihr Engagement mit dem Leben. Das Problem des Rassismus und der Diskriminierung von Menschen aufgrund ihrer ethnischen Zugehörigkeit oder sexuellen Orientierung wurde von staatlicher Seite nicht wirklich ernsthaft angegangen. Auch aus rassistischen oder ausländerfeindlichen Motiven verübten Anschlägen mit zum Teil tödlichem Ausgang begegneten die Behörden nur zögerlich. Das Ausmaß familiärer Gewalt gegen Frauen war nach wie vor erschreckend hoch, gleichwohl bot der Staat gefährdeten Frauen keinen ausreichenden Schutz. Die Polizei setzte sich vielerorts über Vorschriften zum Schutz von Häftlingen vor Folterungen hinweg. Im Nordkaukasus und dort insbesondere in Tschetschenien kam es weiterhin zu extralegalen Hinrichtungen, willkürlichen Inhaftierungen, Folterungen in offiziellen wie inoffiziellen Haftzentren, Entführungen und dem »Verschwindenlassen« von Menschen. Die in Tschetschenien für Menschenrechtsverletzungen Verantwortlichen kamen in der Regel straffrei davon, während Personen, die sich in ihrem Ringen um Gerechtigkeit nicht beirren ließen, schikaniert und mit dem Tod bedroht wurden. [...]

Aus: amnesty international Dresden. http://amnesty-dresden.de/Russland%20%202007.html (Zugriff am 31.10.2007)

Text 2:

Der ehemalige russische Staatspräsident Wladimir Putin stellte sich im Februar 2007 nach seiner Rede auf der 43. Münchner Konferenz für Sicherheitspolitik den Fragen von Journalisten:

Journalist: In meiner Frage ging es um [...] die Einstellung der internationalen Völkergemeinschaft gegenüber Russland [...], wo es diese Prinzipien nicht einhält: Morde an Journalisten, Ängste, Furcht, Fehlen der Freiheit, nichtstaatliche Organisationen ...

Putin: [...] Was Ängste und Ähnliches anbelangt. Wissen Sie, wir haben heute weniger Ängste als in vielen anderen Ländern. Weil wir die Situation in der Wirtschaft und im Bereich des Wohlstands der Menschen in den letzten Jahren radikal verändert haben. Wir haben noch sehr viele Probleme. Wir haben noch sehr viele ungelöste Probleme. Darunter auch Probleme, die mit der Armut verbunden sind. Und ich werde Ihnen sagen, dass die Ängste hauptsächlich diesen Ursprung haben. Was die Journalisten anbelangt, so ist das wirklich ein großes und kompliziertes Problem. Journalisten kommen übrigens nicht nur bei uns in Russland, sondern auch in anderen Ländern ums Leben. Wo sind besonders viele Journalisten ums Leben gekommen? Sie sind doch ein Fachmann und können sicherlich sagen, in welchem Land beispielsweise im zurückliegenden Jahr [...] besonders viele Journalisten ums Leben gekommen sind. Im Irak sind besonders viele Journalisten ums Leben gekommen. Was die Tragödien in unserem Land anbelangt, so werden wir zweifelsohne beharrlich gegen solche Erscheinungen ankämpfen und die Täter hart bestrafen, die versuchen, das Vertrauen gegenüber Russland zu untergraben und unser politisches System ins Wanken zu bringen.

Aus: russland.RU. Die Internetzeitung. http://russland.ru/reden/morenews.php?iditem=6 (Zugriff am 30.8.2007)

Zu Text 1 (S. 27):

1. *Schritt (Exzerpt):* Personen, die für Menschenrechte eintreten, geraten „ins Visier der Behörden". Vor allem die Rechte auf freie Meinungsäußerung und Versammlungsfreiheit sind bedroht. Bei rassistischer oder innerfamiliärer Gewalt reagiert der Staat nicht wirklich. Ebenso kommt es durch staatliche Organe zu Folterungen, extralegalen Hinrichtungen und Freiheitsberaubung.
2. *Schritt (Textart):* Ein Bericht. Die Intention des Autors/der Autorin scheint zu sein, Sachinformation mit illustrierenden Beweisen zu liefern. Eine Gliederung ist nicht erkennbar; es handelt sich eher um einen teils unstrukturierten Katalog von Menschenrechtsverletzungen.
3. *Schritt (Sprachstil):* Der Text ist allgemeinverständlich und richtet sich offenbar an ein breites Publikum. Stilistische Mittel zeigen sich in den attributiv gebrauchten Adjektiven, die die Menschenrechtsverletzungen in Russland betonen („drastisch", „willkürlich"); vereinzelt ist der Sprachgebrauch metaphorisch („mit dem Leben bezahlen"). Insgesamt lässt die plakative, normativ aufgeladene Sprache erkennen, dass die Zustände in Russland angeprangert werden sollen.
4. *Schritt (Intention):* Der Text informiert den Leser einerseits, versucht andererseits aber auch, ihn zu beeinflussen. Er bezieht insofern eindeutig Position gegen die Menschenrechtssituation in Russland. Die Aussageabsicht erschließt sich zudem aus der Organisation, unter deren Namen der Beitrag im Internet veröffentlicht wurde: Es ist das erklärte Ziel von Amnesty International, Menschenrechtsverletzungen weltweit aufzudecken sowie die Öffentlichkeit dahingehend zu sensibilisieren bzw. zum Widerstand zu mobilisieren.

Zu Text 2 (S. 27):

1. *Schritt (Exzerpt):* Frage eines Journalisten an Präsident Putin zur Menschenrechtssituation in Russland. Antwort: Putin behauptet, die existierenden „Ängste" rührten vor allem aus wirtschaftlichen Existenznöten. Die Morde an Journalisten betreffend – gemeint ist hier der Mord an der russischen Reporterin, Autorin und Menschenrechtsaktivistin Anna Politkowskaja am 7. Dezember 2006 – weicht er aus, indem er bemerkt, dass auch in anderen Ländern, insbesondere im Irak, Journalisten ums Leben kämen. Mit Blick auf die „Täter" – gemeint sind tschetschenische Terroristen, die auf russischem Boden operieren – verspricht er staatliches Durchgreifen.
2. *Schritt (Textart):* Es handelt sich um ein freies Interview auf einer Pressekonferenz; darum ist keine Gliederung oder vorüberlegte argumentative Struktur erkennbar.
3. *Schritt (Sprachstil):* Auf einer Pressekonferenz ist das Gesagte für eine breite Öffentlichkeit bestimmt; daher keine Fachsprache oder Fremdwörter. Sprachstilistisch fallen die Ausweichmanöver bei konkreten Fragen auf (z. B. interpretiert Putin das Wort „Angst" absichtlich nur im Kontext der wirtschaftlichen Entwicklung seines Landes), wie auch provokante Gegenfragen („Wo sind besonders viele Journalisten ums Leben gekommen?"). Der Tenor ist bisweilen sarkastisch.
4. *Schritt (Intention):* Mit dem Verweis auf den Irak soll der Tod von Journalisten als Normalfall gelten. Vor dem Hintergrund der Tatsache, dass die russische Regierung ihr militärisches Engagement in Tschetschenien als „Krieg gegen den Terror" gerechtfertigt hat, macht die Parallele zum US-Feldzug im Irak durchaus Sinn. Mit Blick auf den Mord an Anna Politkowskaja – die gerade wegen ihrer regimekritischen Berichte und Bücher zu russischen Menschenrechtsverletzungen in den Tschetschenien-Kriegen bekannt geworden war – ist der Vergleich jedoch zynisch. Wenn Putin von „Tragödien" spricht, könnten die Geiselnahme von Beslan oder die Anschläge auf die Moskauer U-Bahn im Jahr 2004 gemeint sein; beide wurden tschetschenischen Widerstandskämpfern bzw. Selbstmordattentätern zugeschrieben. Putin will zeigen, dass Russland ein Rechtsstaat ist, der die Menschenrechte achtet.

3.3 Anregungen zur Auswertung von Filmen

Die Analyse bzw. das → **Transkribieren** eines (Spiel-)Films sollte mindestens die dramaturgischen Einheiten erfassen. Den Handlungsablauf (Plot) sollten Sie hierzu in Sequenzen und Subsequenzen unterteilen. Ziel ist es, den Film zunächst in eine lineare Form zu bringen, um hernach seine

- Schauplätze und Personen,
- seine Sprache und Musik,
- die Lichtführung und Farbgebung,
- die Special Effects,
- den Filmschnitt sowie
- die Kameraaktivitäten analysieren zu können.

Auszug aus einem Sequenzprotokoll zum Spielfilm „Psycho" (USA, 1960; Regie: Alfred Hitchcock; Länge: 109 Minuten; in der Hauptrolle: Anthony Perkins):

01:52	*Sequenz 1*	Exposition: Stadtpanorama
13:07	*Sequenz 2*	Wagentausch mit Polizeiverfolgung
25:34	*Sequenz 3*	Marion Crane und Norman Bates: Motelrezeption und Abendessen
43:54	*Sequenz 4*	Ermordung von Marion im Motel („Duschszene")
57:36	*Sequenz 5*	Sam Loomis, Lila Crane und Detective Milton Arbogast (Laden, Suche nach Marion, Gespräch im Motel)

Neben dem Sequenzprotokoll können Sie ein Einstellungsprotokoll erstellen, das Kamera und Ton ausführlich berücksichtigt. Um zu vermeiden, dass Ihre Filmanalyse „überkomplex" wird, sollten Sie jedoch nur zu ausgewählten „Schlüsselszenen" ein detailliertes Einstellungsprotokoll aufnehmen. Ein solches umfasst

- die fortlaufende Nummerierung der einzelnen Einstellungen,
- die Länge der einzelnen Einstellungen in Sekunden,
- die Kameraaktivitäten (Einstellungsgröße, Kamerabewegungen und -perspektiven [Schwenk, Halbtotale, Totale, Parallelfahrt]),
- die Beschreibung des Bildinhalts und des Handlungsablaufs sowie
- den Tontrakt (Dialoge, Kommentare, Geräusche, Musik etc.).

Gehen Sie davon aus, dass der Leser Ihrer Analyse den Film zumindest schon einmal gesehen hat. Auch wenn die konkrete Gliederung immer vom individuellen oder fachlich bestimmten Erkenntniswert abhängt, bietet sich doch folgendes grundlegendes Analyseraster für eine Filmanalyse an:

1. **Inhaltsbeschreibung:** kurzer Abriss zum Handlungsablauf als Erinnerungshilfe;
2. **Problematisierung und Fragestellung:** Darstellung der inhaltlichen und formalen Auffälligkeiten des Films; erste subjektive Einschätzungen; Bezüge zu anderen/ähnlichen Filmen;
3. **Formal-inhaltliche Bestandsaufnahme:** Sequenz- bzw. Einstellungsprotokoll;
4. **Analyse und Interpretation:** Sequenz übergreifende Untersuchung; Ermittlung der vom Regisseur/Produzenten beabsichtigten Wirkung;
5. **Historische Verankerung und Rezeption:** Funktionsbestimmung des Films (z. B. Gesellschaftskritik, Unterhaltung, Kunst); Bezug z. B. zu historischen/kulturellen Grundlagen des Stoffs;
6. **Verallgemeinerung:** Zusammenfassung der wichtigsten Ergebnisse und Bewertung.

3.4 Anregungen zur Auswertung von Statistiken

Das moderne Leben ist ohne Statistiken nicht mehr vorstellbar: Kaum eine Woche vergeht, in der in den Medien nicht von statistischen Auswertungen die Rede ist. Vor allem in der Wissenschaft und in der Politik stellen Statistiken einen wichtigen Bestandteil der Kommunikation dar, liefern aktuelle und punktgenaue Informationen und dienen in Diskussionen und öffentlichen Debatten der Untermauerung eigener Ansichten.

Statistisches Material kann dem Interessierten in zwei verschiedenen Formen begegnen: als *Tabelle* oder → **visualisiert** als *Diagramm* (S. 61). Diagramme veranschaulichen die in Tabellen dargestellten Ergebnisse und sind daher übersichtlicher und leichter zu respizieren; andererseits aber gelingt es ihnen manchmal nicht, Ergebnisse so detailliert zu beschreiben wie Tabellen. Bei der Analyse von Statistiken empfiehlt sich ein Vorgehen in drei Schritten:

1. Beschreibung
- Was ist das Thema des Diagramms bzw. der Tabelle?
- Wer ist der Hersteller bzw. der Auftraggeber der Statistik? Welche Rückschlüsse lässt dies zu? Auf welchen Quellen gründet das Material?
- In welcher grafischen Darstellungsform begegnet Ihnen das Material (Tabelle oder Diagramm)?
- Welche Bezugsgrößen werden verwendet (z. B. Anzahl der ausländischen Arbeitnehmer in der Bundesrepublik / in Ihrem Bundesland / in Ihrem Landkreis)?
- Wie werden die Bezugsgrößen definiert (d. h., was versteht man unter dem Begriff „ausländischer Arbeitnehmer")?
- Um welche Zahlenarten handelt es sich (Angaben in Prozent / absoluten / gerundeten Zahlen)?
- Wo zeigen sich Leerstellen in der Erhebung? Welche Daten werden nicht repräsentiert oder erfasst?
- Welcher Zeitraum wird durch die Erhebung abgedeckt?

2. Analyse
- Welche Aussagen lassen sich aus dem statistischen Material ableiten? Lassen sich Kern- und Nebenaussagen unterscheiden?
- Welche Art von Antworten bekommen Sie von der Statistik? Beantworten diese Ihre Fragen?
- Welche Besonderheiten bzw. Auffälligkeiten bemerken Sie?
- Welche Thesen werden gestützt bzw. einer kritischen Analyse unterworfen?

3. Kritische Bewertung
- Erkennen Sie etwaige Unklarheiten oder Ungenauigkeiten?
- Ist die Statistik in sich stimmig und logisch aufgebaut?
- Wie aktuell sind die Zahlen bzw. Daten? Sind sie aktuell genug?
- Ist der abgedeckte Zeitraum für die Beantwortung Ihrer Fragen bzw. für die Erlangung wissenschaftlicher Erkenntnisse adäquat?
- Welche Aussageabsicht könnte der Verfasser der Statistik im Auge gehabt haben?
- Welcher Maßstab bzw. welche Proportionen wurden verwendet?

„Ich glaube keiner Statistik, die ich nicht selbst gefälscht habe". Dieses dem ehemaligen britischen Premierminister Winston Churchill (1874–1965) oftmals zugesprochene Zitat spielt darauf an, dass gerade die kritische Bewertung einer Statistik eines besonderen Augenmerks bedarf.

Viele Statistiken werden im Sinne des Verfassers oder Auftraggebers manipuliert oder gar gefälscht. Bei unseriösen oder schlecht ausgebildeten Statistikern können Unkenntnis, unvollständige Datenerhebungen oder falsche → **Fragetechnik** zur Verzerrung von Ergebnissen führen; inkorrekte Ergebnisse stellen sich beispielsweise bei Suggestivfragen ein („Sie sind doch auch dafür, dass die Löhne steigen, oder?").

Die Art von Manipulation, die den Betrachter/die Betrachterin am stärksten irritieren kann, besteht jedoch in der bewussten grafischen „Verzerrung" von Ergebnissen. Vergleichen Sie hierzu die folgenden Liniendiagramme:

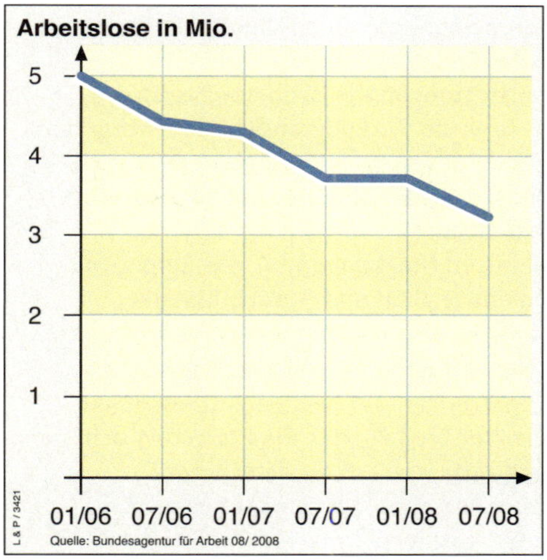

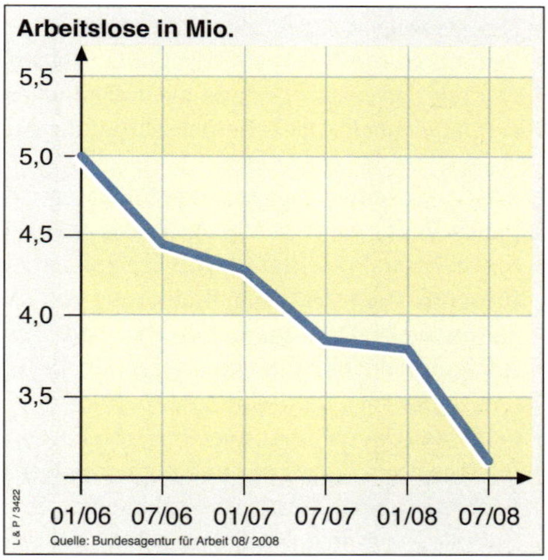

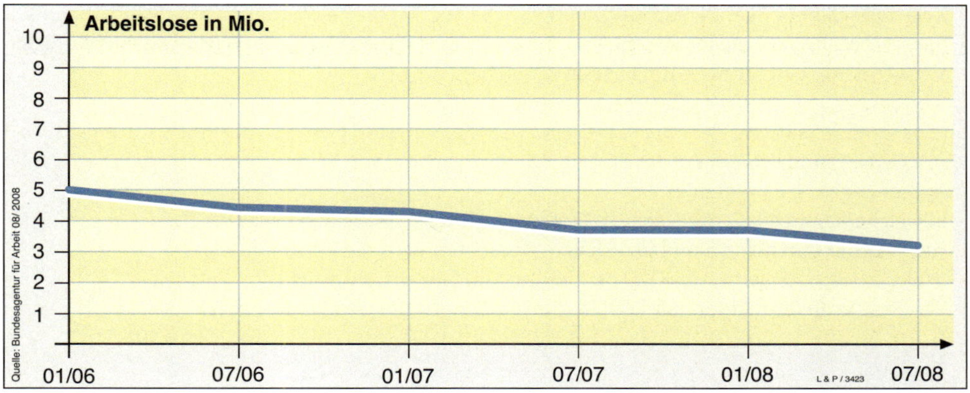

3.5 Anregungen zur Auswertung von Fotografien

Fotos sind Mittel gesellschaftlicher und politischer Kommunikation wie Texte oder Grafiken und entstehen in einem bestimmten politischen, gesellschaftlichen und ökonomischen Kontext. Sie enthalten alles, was das Objektiv der Kamera in Bruchteilen von Sekunden erfasst. Von daher gelten Fotos zunächst als objektiv. Fotos sind in ihrer Wirkung aber zugleich auch höchst subjektiv, d. h. vom Fotografen und dem Betrachter abhängig:

- Sie werden vom Standort des Fotografen aus aufgenommen und vermitteln seine Perspektive.
- Die Technik der Kameras und der Bildentwicklung bieten darüber hinaus Möglichkeiten, Bilder der Wirkungsabsicht entsprechend zu gestalten, bis hin zu „neuen Wirklichkeiten".
- Betrachter stellen die Bilder im Kopf gleichsam noch einmal her, indem sie z. B. nur Teile der abgebildeten Objekte wahrnehmen und sie mit ihren Vorstellungen verbinden.

Bei jeder Bildanalyse gilt es, den *historischen Kontext* sowie die *Entstehungs-* und *Wirkungsbedingungen* der Fotografie zu bedenken. Folgende Aspekte spielen dabei eine wesentliche Rolle:

- Der *symbolische Aspekt* zielt auf die aussagekräftigen, symbolträchtigen Details des Bildes.
- Der *ästhetische Aspekt* gilt den Gestaltungsmitteln des Bildes.
- Der *subjektive Aspekt* erfasst die individuellen Voraussetzungen des Bildbetrachters.
- Der *intentionale Aspekt* berücksichtigt die Aussage- bzw. die Wirkungsabsicht des Fotografen.

Es existieren keine vorgegebenen Bildkategorien oder Typenbezeichnungen von Fotografien; folgende Bildtypen treten in der Praxis aber relativ häufig auf:

- *Symbolbilder*: Präsentation von Ereignissen/Verhältnissen/Reaktionen/Vorstellungen mit fotografischem Tiefgang; Bedeutung von Mehrdimensionalität und Ausdrucksstärke;
- *Epochenbilder*: Dokumentation epochaler Ereignisse bzw. historischer Höhe-/Wendepunkte;
- *Alltagsbilder*: Abbildung konkreter Alltags- bzw. Lebenssituationen, Milieuaufnahmen etc.

Für eine detailgetreue Auswertung von Fotografien sollten Sie folgende Punkte berücksichtigen:

- *Bildthema und Bildgegenstände* (optische Gewichtung: Was ist die zentrale Aussage?)
- *Blickbeziehungen* (Gestik und Mimik evtl. abgebildeter Personen; Statik oder Interaktion?)
- *Symbole und Motive* (enthält das Bild eine offene oder versteckte Botschaft?)
- *Ort und Zeit der Aufnahme* (Licht und Schatten; Farbbild oder Schwarzweißbild?)
- *Kamerastandort* (Vogel-/Froschperspektive; Schärfe/Unschärfe; Panoramabild/Nahaufnahme)
- *Bildurheber und Verwendungszweck* (Amateur-/Berufs-/Pressefotografie; private oder öffentliche Verwendung; evtl. Verwendung in den Medien?)

Eine besondere Gattung der Fotografie (und der Malerei) sind Porträts. Bei ihnen stellen sich Fotograf (Maler) und Modell auf das Bild ein. Die Auswertung von Porträts erfordert daher spezielle Fragestellungen, z. B. folgende:

- In welcher Umgebung, mit welchen Requisiten/in welcher Kleidung wird die Person abgebildet?
- Aus welcher Perspektive und in welchem Ausschnitt wird die Person gezeigt?
- Welche Botschaft vermitteln Körperhaltung und Gesichtsausdruck?
- Wie reagieren Betrachter auf das Bild (Empfindungen und Assoziationen)?

Auf S. 33 finden Sie Beispiele für unterschiedliche Bildtypen abgedruckt.

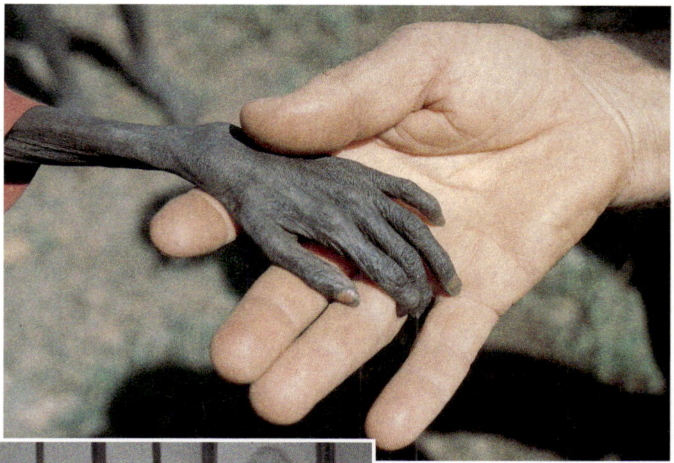

Einer von sieben Menschen weltweit geht hungrig zu Bett.

Symbolbild *zum Welternährungsgipfel in Rom, Juni 2008*

Epochenbild *am Ende des Kalten Krieges:*

Bundeskanzler Helmut Kohl (links) und der sowjetische Staats- und Parteichef Michail Gorbatschow reichen sich am 10. Februar 1990 in Moskau die Hände; im Hintergrund ein Porträt von Karl Marx

Beispiel für ein ***Alltagsbild:***

„Drei Generationen unter einem Dach" – Familienfoto, aufgenommen in der Nähe von Fürstenfeldbruck, 2008

3.6 Exzerpieren und Transkribieren

a) Exzerpieren

Nachdem Sie sich im Rahmen einer → **Literatur-** oder → **Internetrecherche** eine breite Basis an Literatur beschafft haben, prüfen Sie das Material im nächsten Arbeitsschritt auf dessen Kompatibilität zu Ihrem Thema. Dazu überlegen Sie sich einige für Sie wichtige Stichworte und lesen das Material „quer", d. h. Sie überfliegen jede Seite zunächst mit Blick auf die von Ihnen definierten Schlüsselwörter. Werden Sie fündig, so notieren Sie die entsprechende Seite aus dem Schriftstück auf einer Karteikarte, um diese dann später vertieft zu lesen. „Querlesen" erfordert einen hohen Konzentrationsgrad, da Sie pro Seite nicht mehr als zehn Sekunden veranschlagen sollten, um zügig voranzukommen. Die zweite „Filterung" der Literatur erfolgt beim vertieften Lesen der vorher gekennzeichneten Seiten.

Die Literatur, die Sie als brauchbar definiert haben, wird in der nächsten Phase *exzerpiert,* d. h. der betreffende Text(ausschnitt) wird in seinen wichtigsten Aussagen oder Thesen zusammengefasst, entweder in Stichworten oder in ganzen Sätzen. Vergessen Sie dabei nie, sich auf jedem Exzerptbogen Autor, Kurztitel, ggf. Erscheinungsjahr sowie Seitenzahl zu notieren. So ersparen Sie sich später zeitaufwändiges Suchen. Das Exzerpieren von Texten haben Sie im Fach Deutsch seit der 7. Klasse bei Textzusammenfassungen und Inhaltsangaben eingeübt; es sollte Ihnen also relativ rasch von der Hand gehen. Textpassagen, die Sie für wörtliche → **Zitate** verwenden, kennzeichnen Sie entweder mit Textmarker und vermerken diese samt Seitenzahl auf Ihrem Exzerpt – oder Sie übernehmen das Zitat, wenn es kurz ist, gleich in das Exzerpt, um sich das spätere Nachschlagen zu ersparen bzw. um zu verhindern, dass Sie den Fundort des passenden Zitats vergessen.

Am folgenden Text (aus dem Fach Ethik) lässt sich die Methode des Exzerpierens veranschaulichen:

Text: **Heiko Ernst: Die Kunst, mit sich allein sein zu können**

Der Mensch, so definierte Aristoteles, ist „das soziale Tier": Er kann nicht allein existieren. Die Beziehungen zu anderen Menschen sind die Grundlage seines Überlebens, seines Wohlbefindens und, im günstigsten Falle, auch seines Glücks. Die Psychologie sieht den Menschen ebenfalls in erster Linie als Beziehungswesen – von Geburt an angewiesen auf den engen Kontakt zu anderen und eingebunden in mehr oder weniger dichte soziale Netze: Ein Mangel an sozialer Bindung ist zu jedem Lebenszeitpunkt problematisch, und die Unfähigkeit oder gar Unwilligkeit, sich auf andere einzulassen, erregt Misstrauen.

Das auf Sozialkontakten gründende Menschenbild verstellt den Blick auf eine völlig unterschätzte, viel zu oft ignorierte Tatsache: Das Alleinsein ist ein gleichrangiges, ebenso vitales Bedürfnis wie das nach sozialem Kontakt und Bindung. Wir brauchen lebensnotwendig Auszeiten vom sozialen Leben – und müssen uns von der Außenwelt distanzieren können. Ohne die Gelegenheit und ohne die Fähigkeit, „in uns zu gehen" und von Zeit zu Zeit ganz für sich und ganz bei sich zu sein, können wir kein stabiles Selbst entwickeln. Das Allein-sein-Können ist die notwendige Voraussetzung für Selbsterkenntnis und Selbstregulierung, für seelisches Wachstum und Kreativität. Mehr noch: Gute und dauerhafte soziale Beziehungen gelingen uns nur, wenn wir unser tief verwurzeltes Bedürfnis nach Gemeinschaft und Kontakt in Balance bringen zur ebenso wichtigen Alleinzeit.

Ein Mangel an Alleinzeit macht uns auf lange Sicht unzufrieden, unglücklich und krank. Viele Zeitkrankheiten – allen voran Depression und Hyperaktivität – entstehen, weil wir permanent von den Wünschen und Zumutungen der Mitmenschen umzingelt sind. Aus Erschöpfung und Zeitmangel kommen wir nicht mehr dazu, uns mit uns selbst zu beschäftigen. Die schier unbegrenzten Kontaktmöglichkeiten der Kommunikationsgesellschaft wollen genutzt sein – und fressen uns allmählich auf. Wir leben heute im Online-Modus, sind ständig erreichbar und vernetzt. Es gibt praktisch keine eigene Zeit mehr; jeder freie Augenblick wird zu einer Gelegenheit, eine andere Verbindung zu knüpfen. [...]

Aus: Ernst, H.: Die Kunst, mit sich allein sein zu können, in: Psychologie Heute compact 13 (2005), S. 64 ff.

Exzerpt:
- Mensch als Wesen, das auf soziale Bindungen angewiesen ist;
- Mangel an sozialer Bindung erregt Misstrauen; Mensch braucht aber ebenso das Alleinsein;
- *Anmerkung: Übernahme des 1. Satzes im 2. Absatz als wörtliches Zitat (Ernst 2005, S. 64);*
- ohne „Allein-sein-Können": weder Entwicklung eines stabilen Selbst noch Aufbau dauerhafter sozialer Beziehungen möglich; weitere Folgen: Unzufriedenheit, Krankheit (z. B. Depressionen);
- *Problem:* Die Kontaktmöglichkeiten der Kommunikationsgesellschaft und die Ansprüche der Mitmenschen erschöpfen das Individuum – ihm fehlen schlicht Zeit und Kraft für das Alleinsein.

b) Transkribieren

Wenn Sie ein selbst aufgenommenes Interview (z. B. aus einer → **Expertenbefragung**) oder eine Audio-Quelle für Ihre Fach- oder Seminararbeit nutzen möchten, so müssen Sie, nachdem Sie das Material als brauchbar eingestuft haben, alles wortwörtlich und ohne Kürzungen in die Schriftform übertragen, also *transkribieren.* Auch grammatikalisch falsche Formulierungen oder falsch gebrauchte Wörter müssen so übernommen werden, wie Sie sie gehört oder aufgezeichnet haben. Inwiefern das Interview im Falle des Dialektgebrauchs Ihres Gesprächspartners in das Hochdeutsche transferiert werden muss, sollten Sie rechtzeitig mit Ihrem Kursleiter klären. Nach der Transkription exzerpieren Sie das Material und verfahren analog zu obiger Darstellung.

Vergessen Sie im → **Anhang** Ihrer Arbeit nicht, das Interview bzw. die Audio-Quelle sowohl im Original als auch in transkribierter Form beizulegen. Bei Zitaten oder sinngemäßen Übernahmen müssen Sie auch hier entsprechende Angaben in den → **Fußnoten** machen.

Anhand des folgenden Auszugs aus einem Interview (im Fach Geographie) lässt sich die Methode des Transkribierens veranschaulichen:

Interview mit N. N., vom 18. 3. 2010 zum Thema „Menschlich verursachter Klimawandel?":
Interviewer: Was kann der Einzelne gegen den anthropogenen Treibhauseffekt tun?
N. N.: Gegen wen?
Interviewer: Gegen den menschlich verursachten Klimawandel.
N. N.: Naja, also, viel' Leud' machen sich zum Dhema Umweldschudz ja überhaupd keine Gedang'n. Mir dun dahamm wenigstens unsern Müll drennen, versuchen, wo's gehd, Wasser zu sparn, also z. B. beim Blumengießen im Gaddn, und schald'n Elekdrogeräde aus, nachdem ma se benutzt hamm. Bloß – ich kann mich ja auch ned die ganze Zeid nur für die Umweld einsetzen, ich mein', mir le'm hald in einer schnelllebichen Zeid und hamm alle viel zu dun ...

Transkript: Verwertbar für die Arbeit ist hier vermutlich nur die Erkenntnis, dass der Befragte ein gewisses Umweltbewusstsein besitzt, konkrete umweltfreundliche Maßnahmen jedoch seinem modernen Lebensstil unterordnet. Außerdem war die → **Fragetechnik** des Interviewers nicht optimal, denn Fremdwörter oder Fachausdrücke gilt es im Interview nach Möglichkeit zu vermeiden.

3.7 Eine Rede analysieren

Wenn Sie Ihre Fach- bzw. Seminararbeit in einem gesellschaftswissenschaftlichen Fach wie Geschichte, Sozialkunde, Wirtschaft oder Religion/Ethik schreiben, werden Sie im Rahmen Ihrer → **Literatur-** oder → **Internetrecherche** immer wieder auf gesprochene Texte stoßen. Speziell in den Sprachenfächern (Deutsch, Englisch etc.) kann die Analyse einer Rede auch Teil Ihrer Fragestellung sein. Eine Rede hat die Zustimmung der Hörer zum Ziel und muss daher neben dem Verstand auch deren Emotionen ansprechen. Folgende Punkte helfen Ihnen, Reden zu analysieren:

Barack Obama während einer US-Wahlkampfveranstaltung in Virginia, 3. November 2008

- *Anlass und Adressat der Rede:* Aus dem historischen, gesellschaftlichen oder politischen Kontext und der konkreten Redesituation lassen sich später wertvolle Schlüsse zu Aussageabsicht und Zielgruppe ziehen. Ordnen Sie die Rede vor ihrem zeitgeschichtlich-politischen Hintergrund ein: Wo und wann bzw. zu welchem Anlass wurde die Rede gehalten? In welcher Tradition steht sie? An wen richtet sich die Rede? Sind Medien einbezogen, und falls ja, welche?
- *Art der Rede:* Hier sind verschiedenste Möglichkeiten denkbar. Handelt es sich um eine Programmrede, Gedenkrede, Parteitagsrede etc.?
- *Sachinhalte:* Einen zentralen Stellenwert hat die Frage nach den Inhalten der Rede: Welche Sachverhalte werden angesprochen? Welche Kernaussagen werden gemacht?
- *Argumentation:* Analysieren Sie die Sinneinheiten der Rede: Wie ist der Gedankengang gegliedert? Ist ein „roter Faden" erkennbar? Welche Argumente verwendet der Redner? Welche Thesen werden aufgestellt? Welche Schlussfolgerungen werden gezogen?
- *Sprache und Syntax:* Filtern Sie Schlüsselwörter aus der Rede heraus und prüfen Sie die Häufigkeit einzelner Begriffe. Sie können so das Anliegen der Rede besser nachvollziehen. Wird Hoch- oder Umgangssprache verwendet? Ist die Syntax kompliziert oder einfach? Wie ist der Ton der Rede (feierlich, sachlich, kämpferisch, ermutigend etc.)?
- *Zielsetzung (Intention):* Bei der Analyse einer Rede gilt es, stets die Absicht zu hinterfragen, die hinter der Rede steht: Wem oder wozu dient die Rede – zur Aufwertung der eigenen Position, zur Abwertung der gegnerischen oder zum Ausgleich gegensätzlicher Sichtweisen? Soll ermutigt, informiert, kritisiert, appelliert oder polarisiert werden?
- *Rhetorik:* Welche rhetorischen Mittel enthält die Rede (Metaphern, Ironie, Rhetorische Fragen etc.) und welche Wirkung erzielen diese? Welche Emotionen werden geweckt?
- *Bewertung:* Bilanzieren Sie die Rede: Welche Grundeinstellung des Redners bzw. welche Weltsicht (Ideologie) wird deutlich? Hat die Rede unter Berücksichtigung ihres Anlasses ihren Zweck erfüllt? War sie überzeugend, mitreißend, einprägsam?

Auf S. 37 finden Sie Auszüge aus der Antrittsrede des US-Präsidenten Barack Obama, die Sie gemäß der hier vorgestellten Methode analysieren können.

Antrittsrede des US-Präsidenten Barack Obama, Washington D. C., 20. Januar 2009

„Meine lieben Landsleute, ich stehe hier heute demütig angesichts der Aufgabe, die vor uns liegt, dankbar wegen des Vertrauens, das ihr mir gewährt habt und eingedenk der Opfer unserer Vorfahren. […] Unsere Nation befindet sich im Krieg gegen ein weit gespanntes Netz der Gewalt und des Hasses. Unsere Wirtschaft ist schwer geschwächt – als Folge von Habgier und Unverantwortlichkeit auf Seiten einiger, aber auch wegen unseres kollektiven Versagens, schwere Entscheidungen zu treffen und die Nation auf eine neue Ära vorzubereiten. Häuser wurden verloren, Arbeitsplätze abgebaut, Unternehmen geschlossen. Unser Gesundheitssystem ist zu kostspielig, zu viele unserer Schulen versagen, und jeder Tag bringt weitere Beweise, dass die Art, wie wir Energie verbrauchen, unsere Gegner stärkt und unseren Planeten bedroht. […] Es ist an der Zeit, […] unser wertvolles Geschenk weiterzugeben, diese erhabene Vorstellung, übermittelt von Generation zu Generation: Das von Gott gegebene Versprechen, dass alle gleich sind, alle frei sind und alle eine Chance verdienen, ihr volles Maß an Glück anzustreben. […] Unsere Gründerväter, die mit Gefahren konfrontiert waren, die wir uns kaum vorstellen können, haben eine Verfassung entworfen, um die Herrschaft des Rechts und die Rechte des Menschen zu gewährleisten, eine Verfassung, die mit dem Blut von Generationen angereichert wurde. Diese Ideale erleuchten immer noch die Welt, und wir werden sie nicht aus Berechnung aufgeben. Daher sagen wir allen anderen Völkern und Regierungen, die heute zuschauen, von den größten Hauptstädten bis zu dem kleinen Dorf, in dem mein Vater geboren wurde: Wisst, dass Amerika ein Freund jeder Nation und jedes Mannes, jeder Frau und jedes Kindes ist, die eine Zukunft in Frieden und Würde anstreben, und dass wir bereit sind, einmal mehr zu führen. Erinnert euch daran, dass frühere Generationen dem Faschismus und dem Kommunismus nicht einfach nur mit Raketen und Panzern begegnet sind, sondern mit robusten Allianzen und dauerhaften Überzeugungen. […] Wir sind die Bewahrer dieses Erbes. […] Wir werden damit beginnen, den Irak auf verantwortungsvolle Weise seiner Bevölkerung zu überlassen, und einen hart erkämpften Frieden in Afghanistan zu schließen. Mit alten Freunden und ehemaligen Feinden werden wir unermüdlich daran arbeiten, die atomare Gefahr zu verringern und das Schreckgespenst eines sich aufheizenden Planeten zu verbannen. […] Denn wir wissen, dass unser Patchwork-Erbe eine Stärke und keine Schwäche ist. Wir sind eine Nation von Christen und Muslimen, Juden und Hindus – und von Nichtgläubigen. Wir sind geformt von jeder Sprache und Kultur von jedem Ende dieser Erde. […] Den Menschen in armen Nationen versprechen wir, an eurer Seite zu arbeiten, damit eure Felder gedeihen und damit sauberes Wasser fließt, dass ausgehungerte Körper genährt und hungrige Köpfe gefüttert werden. […] Auch können wir die Ressourcen der Welt nicht verbrauchen, ohne auf die Konsequenzen zu achten. Denn die Welt hat sich geändert, und wir müssen uns mit ihr ändern. […] Die Herausforderungen, vor denen wir stehen, mögen neu sein. […] Aber die Werte, von denen unser Erfolg abhängt – harte Arbeit und Ehrlichkeit, Mut und Fair-Play, Toleranz und Neugier, Loyalität und Patriotismus – diese Dinge sind alt. Diese Dinge sind wahr. […] Was von uns nun verlangt wird, ist eine neue Ära der Verantwortung, eine Anerkennung, von jedem Amerikaner, dass wir Pflichten gegenüber uns selbst haben, gegenüber unserer Nation und gegenüber der Welt […]. Amerika, im Angesicht unserer gemeinsamen Gefahren, in diesem Winter unserer Bedrängnis, lasst uns an diese zeitlosen Worte denken. Lasst uns mit Hoffnung und Tugend einmal mehr den eisigen Strömungen trotzen und ertragen, welche Stürme auch kommen mögen. Mögen noch unsere Urenkel sagen, dass wir […] nicht umgekehrt sind oder gewankt haben. Und dass wir mit Augen, die auf den Horizont und Gottes Gnade über uns gerichtet waren, dieses große Geschenk der Freiheit weitergetragen und sicher an künftige Generationen überreicht haben."

Aus: Deutsche Welle, www.dw-world.de (Zugriff: 27. 5. 2009); Transkript und Video der vollständigen Rede sind im englischen Original abrufbar unter: The White House Blog, www.whitehouse.gov/blog/inaugural-address/ (Zugriff: 21. 1. 2009)

3.8 Versuche protokollieren

Wenn Sie Ihre Fach- bzw. Seminararbeit in einem naturwissenschaftlichen Fach, insbesondere in Chemie, Physik oder Biologie schreiben, werden Sie bei manchen Themen selbstständig Versuche durchführen müssen. Um die Versuchsergebnisse wissenschaftlich korrekt für Ihre Arbeit verwenden zu können, sollten Sie dabei über jeden Versuch ein Versuchsprotokoll anfertigen, das Ihrer Arbeit in einem → **Anhang** beigeheftet wird.

Allgemeine Anforderungen

- Ein Versuchsprotokoll ist Teil einer wissenschaftlichen Arbeit und daher in vollständigen Sätzen abzufassen; „Laborjargon" (Bsp.: „einen Fermenter anwerfen") sollte vermieden werden.
- Wie die gesamte Fach-/Seminararbeit, so ist auch das Protokoll mit dem PC zu verfassen.
- Das Protokoll sollte unpersönlich geschrieben sein; am besten eignen sich 3. Person Präteritum und Passiv (Bsp.: „Als die Banane mit UV-Licht bestrahlt wurde, trat eine Blaufärbung ein.").
- Das Präsens wird für allgemein gültige oder theoretische Aussagen verwendet (Bsp.: „Der Radius ist proportional zu x.").

Gliederung des Versuchsprotokolls

Alle wissenschaftlichen Berichte werden in Abschnitte gegliedert, denen wiederum aussagekräftige Überschriften vorangestellt werden:

1. Abstract bzw. Kurzzusammenfassung

Hier werden die Durchführung des Experiments, seine Ziele und seine Ergebnisse sowie die Schlüsse, die sich daraus ziehen lassen, kurz, aber vollständig zusammengefasst. Das Abstract wird zwar dem Versuchsprotokoll vorangestellt, sollte aber erst am Ende auf einer separaten Seite verfasst werden. Das Abstract ist im Normalfall 50 bis 200 Wörter lang. Mithilfe dieser Kurzzusammenfassung kann der Leser den Verlauf, die Ergebnisse und die Rückschlüsse aus dem Experiment nachvollziehen und verstehen, ohne dass er das gesamte Versuchsprotokoll kennen muss. Zahlenwerte zu wichtigen Ergebnissen können an dieser Stelle daher schon genannt werden.

2. Einleitung

Ihre Einleitung führt in das Experiment ein, indem sie die Untersuchungsmethode(n) skizziert sowie Sinn und Zweck des von Ihnen gewählten Experiments erklärt, ohne die Ergebnisse vorschnell vorweg zu nehmen. Ferner werden die für das Experiment wichtigen Begriffe – sofern sie erläuterungsbedürftig sind – erklärt und die zum Thema bereits erschienene Literatur aufgegriffen.

3. Material und Methoden

Bei der Beschreibung des verwendeten Materials und der Geräte sollten Sie darauf achten, keine Standardgeräte (etwa Computer oder Mikroskope) zu beschreiben, denn diese werden dem Leser bereits bekannt sein. Ihre speziellen Gerätschaften hingegen verdienen mehr Beachtung; hier sollten Sie aber wiederum vermeiden, zu sehr ins (technische) Detail zu gehen, soweit dies für den Versuch nicht wirklich relevant ist. Überdies müssen sämtliche von Ihnen verwendeten Materialien für andere Personen zugänglich sein. Dies betrifft auch Organismen, deren Art, Varietät, Bezugsquelle, Alter, Geschlecht, genetische und/ oder physiologische Konstitution Sie daher stets angeben sollten. Insgesamt gilt: Das Experiment muss so gut beschrieben sein, dass ein fachkundiger Leser bzw. der Korrektor den Versuch reproduzieren kann.

4. Ergebnisse

Zu Beginn eines jeden Versuchsabschnitts beschreiben Sie kurz den Zweck einer Messung oder eines Experiments. Dann werden Versuchsaufbau und -verlauf dargestellt, evtl. unter Zuhilfenahme einer Skizze zum Versuchsaufbau. Anschließend muss detailliert beschrieben werden, wie Sie von den Rohdaten auf Ihr Ergebnis kommen.

Zur → **Visualisierung** der Daten eignet sich die Form einer Tabelle oder eines Diagramms (S. 61) am besten – beide Darstellungsformen zusammen machen hingegen nur selten Sinn. Bei der Umsetzung der Ergebnisse in einen Graphen sollten Sie darauf achten, diesen im Hinblick auf eine spätere → **Präsentation** der Arbeit „betrachterfreundlich" zu gestalten: Dazu gehören deutlich erkennbare Linien, wenige, aber kräftige Farben sowie eine gut lesbare Schriftgröße und eine schlichte Schriftart (z. B. Arial oder Times New Roman).

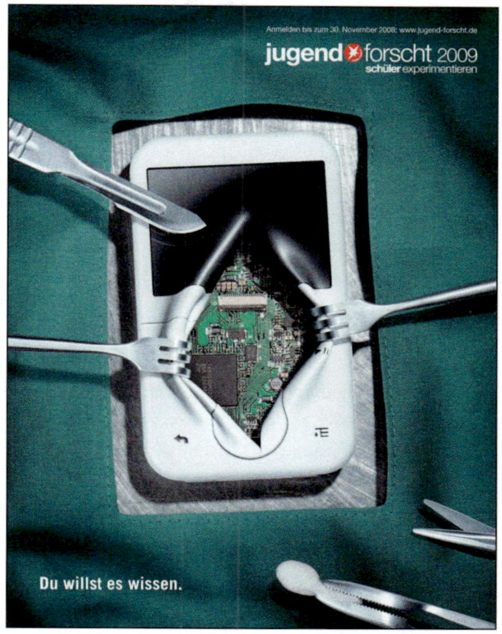

„Du willst es wissen" – Plakat zum Wettbewerb „Jugend forscht 2009"/44. Landeswettbewerb Bayern

Die Herleitung von Ergebnissen aus Graphen muss nachvollziehbar sein; mathematische Details, z. B. eine Kurvendiskussion, sollten in diesem Zusammenhang aber weggelassen werden. Machen Sie andererseits nicht den Fehler, nur Ergebnisse aufzuzeigen, ohne auf Daten einzugehen. Bei der Angabe von Zahlenwerten dürfen Sie nie vergessen, die verwendete Einheit anzugeben. Alle numerischen Ergebnisse müssen eine Fehlerabschätzung enthalten. Werte, die auf wissenschaftlich vertretbaren Schätzungen oder statistischen Fehlerberechnungen beruhen, müssen angegeben werden. Eine bloße Sammlung von Tabellen und Diagrammen ohne Erläuterung sollte auf jeden Fall vermieden werden.

5. Diskussion

Am Ende eines Experiments wird die eigene Arbeit kurz diskutiert. Dieser Teil des Versuchsprotokolls ist neben dem Abstract der wichtigste. Hier werden die verschiedenen Aspekte des Experiments in einen Zusammenhang gebracht und mit der zentralen Fragestellung Ihrer Fach-/Seminararbeit verbunden. Daneben sollte die Diskussion Folgendes leisten:

- Präsentation der wichtigsten Beziehungen und Generalisierungen der Versuche, ohne schlichte Wiederholung der Ergebnisse oder des Abstracts;
- Erörterung der Vor- und Nachteile der gewählten Methoden;
- Besprechung der aufgetretenen Probleme und ihrer Auswirkungen auf die Versuche;
- Vergleich und Diskussion der eigenen Ergebnisse mit evtl. in der Wissenschaft bereits eruierten Ergebnissen;
- Einbringung von Verbesserungsvorschlägen;
- Ausblick auf künftig durchzuführende Experimente, die zu weiterführenden Erkenntnissen führen könnten.

3.9 Ein Szenario entwickeln

Ein Szenario bietet einen in sich schlüssigen Ausblick darauf, wie sich die Zukunft möglicherweise entwickeln kann oder wie sich die Vergangenheit unter anderen Umständen hätte entwickeln können. Die Szenarioentwicklung als Thema einer Fach- oder Seminararbeit kann Ihnen vor allem in den gesellschaftswissenschaftlichen Fächern (Geschichte, Sozialkunde, Geographie) begegnen; Szenarien sind aber auch in der Biologie (ökologische Probleme!) sowie in technischen Fächern (nachhaltige Technologieentwicklung!) denkbar. Eine Arbeit mit dieser Zielsetzung erfordert nicht nur Phantasie und Vorstellungskraft, sondern setzt fundiertes Fachwissen voraus. Nur so wird gewährleistet, dass ein Szenario in sich stimmig und widerspruchsfrei ist.

Szenario-Vorstellungen können kurz-, mittel- oder langfristig diskutiert werden. Sie müssen dabei nicht theoretischer Natur bleiben: Professionell entwickelte Szenarien, z. B. im Auftrag von Regierungen, beschreiben, was im Ernstfall einer Katastrophe zu tun ist. Das Szenario eines Terroranschlags auf Großstädte etwa wird von Sicherheitsexperten nicht erst seit dem 11. September 2001 „durchgespielt". Ein Szenario kann in folgenden Phasen entwickelt werden:

1. Fundierungsphase: Sie sammeln Informationen, um die Ist-Situation genau kennenzulernen. Die Ist-Situation dient als Ausgangsbasis für ein Zukunftsszenario, aber auch für das Szenario einer alternativen bzw. virtuellen geschichtlichen Entwicklung. Nur Szenarien, die sich auf sorgfältige Untersuchungen und Analysen stützen, sind wohl fundiert. Sie sind mit hoher Wahrscheinlichkeit plausibel, weshalb sie – wenn sie bestimmte Fragen aufwerfen – ernst genommen werden. Am Beginn einer Szenarioentwicklung steht die sorgfältige Datenanalyse und → **Literaturauswertung** bereits veröffentlichten Materials zum Ist-Stand. Hinzu kommen die → **Befragung von Experten** mit Blick auf deren Vorstellungen zu künftigen bzw. alternativen vergangenen Entwicklungen. Fragen Sie „Ihre" Experten auch nach den Entwicklungen, die diese als wahrscheinlich/unwahrscheinlich bzw. als wichtig/unwichtig ansehen sowie nach den Faktoren und Akteuren, die sie als Triebfedern oder Hemmnisse für eine bestimmte Entwicklungsrichtung erachten. Neben Einzelbefragungen können auch → **Umfragen** mit größeren Personengruppen durchgeführt werden.

2. Analytische bzw. Kritikphase: Eine sorgfältige Analyse und Systematisierung der gesammelten Informationen, z. B. mithilfe einer Mind-Map (S. 9), ist für die Entwicklung des Szenarios von entscheidender Bedeutung. Folgende Fragen helfen bei der Sichtung und Sortierung des Materials:
- Welche der gesammelten Informationen brauche ich, um mein Szenario zu entwickeln?
- Welche Auswirkungen hat bzw. hätte ein Szenario für die mittel- oder unmittelbar betroffenen Menschen, Regionen, Staaten oder die Welt insgesamt gehabt?
- Welche aktuellen oder vergangenen Diskussionen, Sachverhalte und Ereignisse machen die Auseinandersetzung mit meinem Thema sinnvoll?

3. Konstruktionsphase: Die Entwicklung eines Szenarios unterscheidet sich deutlich von einer sonstigen wissenschaftlichen Arbeit. Sie arbeiten zwar auf der Grundlage gesicherter Fakten und Daten, müssen diese aber mithilfe Ihrer Fantasie weiterentwickeln. Dabei ist es wichtig, nicht „wünschenswerte", sondern „plausible" Szenarien zu entwickeln. Weitere Kriterien, die Ihre Arbeit neben der *Plausibilität* erfüllen sollte, sind *innere Schlüssigkeit, Infragestellung gängiger Annahmen* und *Attraktivität für die Zielgruppe.* Nach der Entwicklung des Szenarios erfolgt die erneute Überprüfung auf Plausibilität und Schlüssigkeit. Erst nach der Überarbeitung und Optimierung Ihres Konzepts ist Ihr Szenario bereit für eine → **Präsentation** im Kursrahmen.

Beispiel: *Entwicklung eines Szenarios im Fach Geschichte zum Thema „Entwickeln Sie ein Szenario für den Fall, dass Adolf Hitler 1938 verstorben wäre".*

Dem hier dargestellten Kurzentwurf eines Szenarios geht die erste Phase (S. 40) voraus. Das Szenario ließe sich sowohl mit Blick auf Deutschland als auch weltpolitisch „weiterspinnen" und ausdifferenzieren, je nachdem, wie eng oder weit das Thema der Seminararbeit gefasst würde.

Text: Was wäre geschehen, wenn ...?

Was wäre geschehen? Sebastian Haffner meint, in diesem Fall wäre ein Chaos in Deutschland ausgebrochen. Die Weimarer Verfassung sei außer Kurs gewesen und habe ihr Ansehen verspielt gehabt. Die nationalsozialistische Partei aber sei ganz auf den Führer zugeschnitten gewesen und hätte ohne ihn Deutschland nicht regieren können. Haffner sucht damit eine These von Joachim Fest einzuschränken, der vermutete, dass Hitler nach einem Tode 1938 als einer der größten deutschen Staatsmänner vielleicht als der Vollender der deutschen Einheit in die Geschichte eingegangen wäre.

Angesichts des hohen Grades an öffentlicher Disziplin im Dritten Reich ist der Rückfall ins Chaos nicht recht glaubhaft. Gewiss wäre ein Gerangel unter den Diadochen zu erwarten gewesen, vielleicht auch eine harte Auseinandersetzung zwischen den Spitzen der Partei und der Heeresleitung, aber Saalschlachten und Straßenkämpfe wie zur Zeit der Weimarer Republik waren kaum zu erwarten. [...]

Die durch ein Ausscheiden Hitlers entstandenen innenpolitischen Machtprobleme hätten das Handeln nach außen erschwert. Nehmen wir den Widerstand gegen Hitlers Kriegsplan in der Generalität hinzu, so wäre mit einem Ausbruch des Zweiten Weltkrieges 1939 nicht zu rechnen gewesen. Der Wunsch nach Rückgewinnung der durch den Versailler Vertrag verlorenen Randzonen des Deutschen Reiches hätte fortbestanden, aber die Lebensraumtheorie als Muss und Maß der Außenpolitik ist wohl nur im Hirne Hitlers denkbar. Insofern müssten wir ohne ihn den Krieg samt seinen Begleiterscheinungen (insbesondere den Judenmord) und seinen Folgen (insbesondere die Halbierung Europas) unter die ungeschehene Geschichte rechnen. Indem wir Hitler und den letzten Weltkrieg aus der Geschichte wegdenken, behalten wir Deutschland in den Grenzen von 1938 übrig. [...]

An vorangegangenen Chancen, Hitler und seinen Krieg zu verhindern, fehlt es nicht: [...] eine Ablehnung des Ermächtigungsgesetzes durch die Reichstagsmehrheit am 24. März 1933, eine Weigerung Hindenburgs, Hitler zum Reichskanzler zu ernennen, ein Erfolg Brünings „auf den letzten hundert Metern" [...]. Jedes dieser Versäumnisse hätte die Wahrscheinlichkeit eines zweiten Krieges herabgesetzt.

Die Anfälligkeit des Weimarer Systems für eine autoritäre Strukturreform war beträchtlich und lässt sich durch eine einzelne veränderte Weichenstellung nicht beheben. Hoch determiniert waren auch der politisch-ökonomische Machtzuwachs in Amerika und Russland. Hitler und der letzte Weltkrieg lassen sich dagegen unschwer aus der Geschichte wegdenken. Amerikanische und russische Besatzungen hätten nicht ein halbes Jahrhundert in Berlin, nicht in Deutschland, vielleicht überhaupt nirgends im außersowjetischen Europa stehen müssen. Ob ein geeintes Europa als dritte Weltmacht unter deutscher Führung entstanden wäre, wie Haffner meint, oder nicht, Deutschland könnte noch blühen von Kleve bis nach Klaipeda, das heißt von der Maas bis an die Memel.

Aus: Alexander Demandt: Ungeschehene Geschichte. Ein Traktat über die Frage: Was wäre geschehen, wenn ...?, Göttingen 2005, S. 122ff.; der Autor ist Althistoriker und Kulturwissenschaftler; er war von 1974 bis 2005 Professor für Alte Geschichte am Friedrich-Meinecke-Institut der Freien Universität Berlin

4. Äußere Form und Gestaltung

4.1 Aufbau

Die äußere Form einer Fach- oder Seminararbeit ist gleichsam die Visitenkarte Ihrer Bemühungen und vermittelt dem Korrektor/der Korrektorin den ersten entscheidenden Eindruck über Ihre gesamte Arbeit. Daher sollten Sie mit besonderer Sorgfalt vorgehen. Fähigkeiten zur Nutzung eines PC und eines entsprechenden Textverarbeitungsprogramms werden vorausgesetzt. Sollten Sie privat keinen Zugang zu einem PC besitzen, wird Ihnen Ihre Schule die entsprechenden Möglichkeiten verschaffen. Soweit mit der Kursleitung nicht etwas anderes vereinbart wurde, sollten Sie Ihre Arbeit in der Schrift „Times New Roman", Schriftgröße 12, anderthalbfacher Zeilenabstand, verfassen. Fußnoten werden zwei Schriftgrößen kleiner gewählt. Ob an Ihrer Schule die Abgabe der Arbeit in einem Schnellhefter genügt, oder ob eine Bindung (spiralisiert, laminiert etc.) verlangt wird, sollte rechtzeitig geklärt und entsprechend bei der Zeitplanung berücksichtigt werden. Für den Aufbau der Arbeit soll hier folgender Vorschlag gemacht werden:

Seite 1: Die Arbeit beginnt mit einem *Deckblatt*, dessen Layout von Ihrer Schule vorgegeben wird.

Seite 2: Als so genannter „Aufhänger" der Arbeit erweist sich ein → ***Titelbild*** als vorteilhaft. Die Abbildung sollte in Bezug zum Thema stehen und individuell gewählt werden. Dazu bieten sich Karikaturen, Fotografien, Plakate etc. an, die auch selbst gezeichnet und entworfen werden können.

Seite 3 (– 4): *Inhaltsverzeichnis/Gliederung:* Der Aufbau erfolgt numerisch (1/1.1/1.1.1) oder alphanumerisch [A) I. 1. a)]. Eine Untergliederung in 1.1.1 ist nur erlaubt, wenn dem betreffenden Abschnitt auch ein Abschnitt 1.1.2 folgt. Als Daumenregel gilt hierbei, dass nicht mehr als drei Ebenen gebildet werden sollen. Im Inhaltsverzeichnis wird jeder ausgewiesene Gliederungspunkt mit einer Seitenzahl versehen, an der man das Kapitel im Innenteil findet. Das Inhaltsverzeichnis gibt einen Überblick und macht nicht nur dem Verfasser, sondern auch dem geneigten Leser und dem Korrektor einen „roten Faden" sichtbar. Eine gute Gliederung ist deshalb eine wichtige Grundlage für die Besprechungen und mit Ihrem Kursleiter.

Seite 4: *Einleitung/Vorwort:* Erst ab hier werden die 10 bis 15 erlaubten Textseiten gezählt. In Absprache mit Ihrem Kursleiter/Ihrer Kursleiterin muss geklärt werden, welche Thematik im Vorwort verlangt wird. Folgendes ist denkbar:

- Worum geht es in der Arbeit?
- Unter welcher Leitfrage/Problemstellung wurde das Thema bearbeitet?
- Welche Aspekte wurden schwerpunktmäßig behandelt? Warum?
- Wie hat sich die Literaturlage dargestellt? Welche Sekundärliteratur wurde benutzt?
- Haben sich Ansprech- oder Interviewpartner zum Thema gefunden?

Auf jeden Fall muss das Vorwort eine stoffliche Hinführung zum Thema und zum Hauptteil Ihrer Arbeit enthalten, analog zur Einleitung einer Erörterung im Fach Deutsch. Es kann durchaus sinnvoll sein, das Vorwort erst nach Fertigstellung der gesamten Arbeit zu verfassen, da man dann einen besseren Überblick hat. Für die Einleitung und die gesamte Arbeit gilt, dass sie unpersönlich verfasst wird. Verwenden Sie also nicht das Personalpronomen „ich". Die „Ich"-Form gilt als unwissenschaftlich.

Seite 5 ff.: *Hauptteil:* Hier muss das Thema unter Berücksichtigung des gesammelten Materials bearbeitet werden. Verlieren Sie bei der Bearbeitung nie Ihre Leitfrage/Problemstellung aus dem Auge, um eine Themaverfehlung zu vermeiden. Im Hauptteil wird zuerst die Fragestellung erläutert und dann systematisch in den folgenden Unterkapiteln bearbeitet. Jede wissenschaftliche Arbeit zeichnet sich durch drei Elemente aus:

- ausführliche Darstellung des Problems bzw. der Fragestellung einschließlich der Definition zentraler Begriffe;
- Einbettung des Themas in einer übergeordneten Theorie;
- Argumentation und Beweisführung.

Die im Inhaltsverzeichnis aufgeführten Überschriften erscheinen hier nun erneut. Achten Sie bei den Überschriften auf ein einheitliches Layout und entsprechende Leerzeilen vor und nach einer Überschrift.

Seite 18: *Schluss/Nachwort:* Das Nachwort rundet die gesamte Arbeit inhaltlich ab. Hier ist eine Entfernung vom Thema möglich, jedoch nicht zwingend. Das Nachwort sollte zielgerichtet verfasst und knapp gehalten werden. Meist bietet sich eine Zusammenfassung der Kernergebnisse und/oder ein Ausblick auf zukünftige Entwicklungen oder noch offene bzw. weiterführende Fragen an. Auch eine kritische Betrachtung der ursprünglichen Thesen sowie Antworten auf die Eingangsfragestellungen, persönliche Einschätzungen bezüglich der Mängel der eigenen Arbeit oder Hinweise zu Lücken in Theorie und Forschung sind an dieser Stelle möglich.

Seite 19 (ff.): → ***Anhang:*** Der Inhalt des Anhangs ist stark abhängig von den Vorstellungen Ihres Kursleiters/Ihrer Kursleiterin. Während einige Lehrkräfte etwaiges Anschauungsmaterial (Diagramme, Tabellen etc.) im Fließtext des Hauptteils platziert sehen möchten, bevorzugen andere eher einen durchgängigen Fließtext mit Fußnoten, in denen sich Hinweise auf das im Anhang befindliche Anschauungsmaterial befinden. Wichtig ist, dass Sie konsequent bleiben und eine einmal gewählte Verfahrensweise beibehalten. Die Herkunft des Materials im Anhang muss in Fußnoten angegeben werden. Als Faustregel gilt, dass bei einer Arbeit, die mehr als drei Tabellen bzw. Diagramme enthält, ein entsprechender Anhang angelegt wird.
Wenn etwas für Ihre Arbeit essentiell wichtig, jedoch nicht für die Allgemeinheit zugänglich ist, gehört es ebenfalls in den Anhang. Hüten Sie sich aber davor, den Anhang künstlich „aufzublähen".

Seite 20 (ff.): → ***Abkürzungsverzeichnis:*** In jeder wissenschaftlichen Arbeit dürfen offiziell gebräuchliche und lexikalisierte Abkürzungen verwendet werden, etwa „EU" für „Europäische Union". Nicht verwendet werden dürfen allerdings interne oder persönlich erfundene Kürzel wie beispielsweise „D" für „Deutschland". Im Abkürzungsverzeichnis werden die Abkürzungen ihren ausgeschriebenen Entsprechungen alphabetisch geordnet gegenübergestellt. Bei der ersten Verwendung eines abzukürzenden Begriffs im Hauptteil Ihrer Arbeit wird dieser ausgeschrieben und die künftig verwendete Abkürzung in Klammern dahintergesetzt.

Seite 21 (ff.): → ***Literaturverzeichnis:*** Hier muss sämtliche verwendete Literatur, alphabetisch geordnet und nummeriert, aufgeführt werden. Die Literatur muss daher mindestens einmal in den Fußnoten vorkommen. Es darf also keine Literatur angeführt werden, die nur dazu dienen soll, das Literaturverzeichnis aufzufüllen oder zu „schönen". Unterteilt wird das Literaturverzeichnis in die Kategorien „Primärliteratur", „Sekundärliteratur" und „Internetadressen".

Seite 22 (ff.): *Eidesstattliche Erklärung*

Beispiel für eine numerische Gliederung/ein Inhaltsverzeichnis im Fach Sozialkunde:

Beispiel für eine alphanumerische Gliederung/ein Inhaltsverzeichnis im Fach Chemie:

4.2 Bibliografieren

Eine grundlegende wissenschaftliche Fertigkeit, die Sie in der Sekundarstufe II erlernen und einüben, ist das korrekte Bibliografieren. Nur bei richtigen bibliografischen Angaben ist es den Lesern/dem Korrektor Ihrer Arbeit möglich, Informationen verlässlich aufzufinden und nachzuprüfen. Bibliografische Angaben können zwar von Lehrstuhl zu Lehrstuhl und von Buch zu Buch in der Interpunktion innerhalb der Angaben variieren, folgen im Prinzip aber festen Regeln.

- **Bibliografische Angabe bei Büchern mit einem Autor (Monografie):** Autorennachname, Komma, erster Buchstabe des Vornamens, Punkt, Komma, Titel des Werks, Punkt, Untertitel (soweit vorhanden), Komma, Erscheinungsort (bei fehlender Angabe im Impressum schreibt man „o. O." für „ohne Ortsangabe") und Erscheinungsjahr (bei fehlender Angabe im Impressum schreibt man „o. J." für „ohne Jahresangabe") mit evtl. hochgestellter Auflagenzahl, Seitenangabe (allerdings nur bei den Fußnoten, nicht im Literaturverzeichnis): Wenn man von einer Seite bis zur nächsten zitiert, so schreibt man hinter die Seitenzahl ein „f." (für „folgende"), bei mehreren aufeinander folgenden Seiten ein „ff." (für „fortfolgende").

Beispiel: Nolte, P., Generation Reform. Jenseits der blockierten Republik, Bonn 2004, S. 100 f.

- **Bibliografische Angabe bei Büchern mit mehreren Autoren:** Handelt es sich um zwei Autoren, so werden beide genannt; im Übrigen ist die Verfahrensweise analog zu obiger Darstellung.

Beispiel: Hartleb, F./Raps, C., Mensch und Politik. Sozialkunde Klasse 11, Braunschweig 2009, S. 100 f.

Handelt es sich um mehrere Autoren, so wird der alphabetisch erste Autor genannt und dann ein „u. a." („und andere") angefügt; im Übrigen ist die Verfahrensweise analog zu obiger Darstellung.

Beispiel: Hartleb, F. (u. a.), Mensch und Politik. Sozialkunde Klasse 10, Braunschweig 2008, S. 100.

- **Bibliografische Angabe bei Büchern mit Herausgeber und mitarbeitenden Autoren (Sammelband, Festschrift, Tagungsband, Reader):** Autorennachname des Verfassers des Aufsatzes/Kapitels, erster Buchstabe des Vornamens, Punkt, Komma, Titel des Aufsatzes/Kapitels, Punkt, Untertitel (soweit vorhanden), Komma, „in:", erster Buchstabe des Vornamens des Herausgebers, Nachname des Herausgebers, in Klammern die Abkürzung „Hg.", Komma, Titel des Gesamtwerks, Punkt, Untertitel, Erscheinungsort (bei fehlender Angabe im Impressum schreibt man „o. O." für „ohne Ortsangabe") und Erscheinungsjahr (bei fehlender Angabe im Impressum schreibt man „o. J." für „ohne Jahresangabe") mit evtl. hochgestellter Auflagenzahl, Seitenangabe (allerdings nur bei den Fußnoten, nicht im Literaturverzeichnis).

Beispiel: Nippel, W., Politische Theorien der griechisch-römischen Antike, in: H.-J. Lieber (Hg.), Politische Theorien von der Antike bis zur Gegenwart, Bonn 1991, S. 17 ff.

Sind Herausgeber und Autor identisch, so schreibt man an der Herausgeber-Stelle ein „ders." (für „derselbe"):

Beispiel: Lieber, H.-J., Zur Theorie totalitärer Herrschaft, in: Ders. (Hg.), Politische Theorien von der Antike bis zur Gegenwart, Bonn 1991, S. 881 ff.

- **Bibliografische Angabe bei Lexika:** Autorennachname des Verfassers, Komma, erster Buchstabe des Vornamens, Punkt, Komma, „unter dem Stichwort":, „Stichwort", Komma, „in:", evtl. der Herausgeber, Titel und Bandzahl des Lexikons, Erscheinungsort (bei fehlender Angabe im Impressum schreibt man „o. O." für „ohne Ortsangabe") und Erscheinungsjahr (bei fehlender Angabe im Impressum schreibt man „o. J." für „ohne Jahresangabe") mit evtl. hochgestellter Auflagenzahl, Seitenangabe (allerdings nur bei den Fußnoten, nicht im Literaturverzeichnis).

Beispiel: Krekeler, H., unter dem Stichwort: Diplomatie, in: W. Woyke (Hg.), Handwörterbuch internationale Politik, Bonn 1986, S. 98 ff.

Fehlen ein namentlich genannter Autor oder ein Herausgeber, so bezieht man sich auf die Redaktion oder den Verlag.

Beispiel: Meyers Lexikonredaktion (Hg.), Meyers großes Taschenlexikon Band 17, unter dem Stichwort: Politik, Mannheim/Leipzig/Wien/Zürich 1992, S. 190 f.

- **Bibliografische Angabe bei Zeitschriften- und Zeitungsartikeln:** Autorennachname des Verfassers, Komma, erster Buchstabe des Vornamens, Punkt, Komma, Titel des Aufsatzes/ Beitrags, Komma, „in:", Name der Zeitschrift (bei wissenschaftlichen Zeitschriften auch die Abkürzung), Nummer der Ausgabe oder Jahrgang, Erscheinungsjahr im Klammern, Seitenangabe.

Beispiel: Reuter, W./Schmitt, J., Pikante Zahlen, in: Spiegel 45 (2008), S. 36.

Autorennachname des Verfassers, Komma, erster Buchstabe des Vornamens, Punkt, Komma, Titel des Aufsatzes/Beitrags, Komma, „in:", Name der Zeitung, „vom" Datum, keine Seitenangabe.

Beispiel: Wehner, M., Pannen beim BND. Stolpert Uhrlau über Fehler in der Kosovo-Affäre?, in: Frankfurter Allgemeine Zeitung vom 6. 12. 2008.

Vorsicht: In wissenschaftlichen Arbeiten wie Ihrer Fach- bzw. Seminararbeit sind nur Beiträge aus wissenschaftlichen Zeitschriften zitierbar. Bei den auf dem „normalen" Markt veröffentlichten Zeitschriften sind nur der „Spiegel" sowie seriöse Tageszeitungen (z. B. die „Süddeutsche Zeitung" oder die „FAZ") zitierbar. Etwas anderes gilt, wenn Sie z. B. die politische Berichterstattung auf dem deutschen Zeitschriftenmarkt untersuchen; dann handelt es sich aber bei Untersuchungen der so genannten „Regenbogenpresse" um Quellen, nicht um Sekundärliteratur.

- **Bibliografische Angabe bei Rezensionen oder Literaturberichten:** Autorennachname des Verfassers, Komma, erster Buchstabe des Vornamens, Punkt, Komma, Name des rezensierten Autors, Doppelpunkt, Titel des rezensierten Aufsatzes/des besprochenen Buchs, Komma, „in:", Name der Zeitschrift (bei wissenschaftlichen Zeitschriften auch die Abkürzung), Jahrgang, Nummer der Ausgabe, Erscheinungsjahr im Klammern, Seitenangabe.

Beispiel: Schaal, G., Renate Martinsen: Demokratie und Diskurs. Organisierte Kommunikationsprozesse in der Wissensgesellschaft, in: Politische Vierteljahresschrift (PVS), 48. Jg., Nr. 1 (2007), S. 157–159.

- **Bibliografische Angabe bei nicht im Handel erhältlichen Broschüren oder Flyern (Graue Literatur):** Autorennachname des Verfassers, Komma, erster Buchstabe des Vornamens, Punkt, Komma bzw. Herausgeber/ herausgebende Institution, Titel der Broschüre, evtl. Veröffentlichungsreihe, Erscheinungsort (bei fehlender Angabe im Impressum schreibt man „o. O." für „ohne Ortsangabe") und Erscheinungsjahr (bei fehlender Angabe im Impressum schreibt man „o. J." für „ohne Jahresangabe") mit evtl. hochgestellter Auflagenzahl, Seitenangabe (allerdings nur bei den → **Fußnoten**, nicht im → **Literaturverzeichnis**).

Beispiel: Bundesministerium der Verteidigung (Hg.), Uniformen. Reihe „Öffentlichkeitsarbeit", Berlin 2006, S. 6.

- **Bibliografische Angaben aus dem Internet:** Autorennachname des Verfassers, Komma, erster Buchstabe des Vornamens, Punkt, Komma, Titel des Aufsatzes/Beitrags, Komma, „in:", Internetadresse, „Zugriff am Datum", Seitenangabe (so vorhanden).

Beispiel: Schultz, S./Hauser, J., Kreditmangel drückt Wirtschaft in die tiefe Rezession, in: http://www.spiegel.de/wirtschaft/0,1518,594731,00.html; Zugriff vom 6. 12. 2008.

Bei fehlender Verfasserangabe erschließen Sie den Herausgeber über den Betreiber der Homepage; dies ist z. B. möglich bei Informationen, die sie von den Internetseiten von Behörden oder Ministerien etc. gewinnen.

Beispiel: Bundesministerium des Innern (Hg.), Polizeiliche Kriminalstatistik 2007, in: http://www.bmi.bund.de/Internet/Content/Common/Anlagen/Broschueren/2008/Polizeiliche_Kriminalstatistik_2007_de,templateId=raw,property=publicationFile.pdf/Polizeiliche_Kriminalstatistik_2007_de.pdf; Zugriff vom 6. 12. 2008, S. 2.

Wenn Verfasser oder Herausgeber nicht zu ermitteln sind, lässt dies meist auf mangelhafte Zitierbarkeit schließen. In diesem Fall sollten sie gut abwägen, ob Sie diese Quelle in einer wissenschaftlichen Arbeit tatsächlich verwenden müssen/möchten. Dies trifft vor allem auf „Wikipedia" zu. Wikipedia mag sich oft für einen ersten Informationsgewinn eignen, ist aber keinesfalls zitierbar! Sofern Sie Bilder oder Karikaturen aus dem Internet zur Illustration verwenden, ist die Kenntnis des Verfassers nicht unbedingt vonnöten, jedoch hilfreich, wenn es sich um politisch motivierte Aussagen handelt.

Beispiel: http://www.dokufoto.de/albums/reportage/armut-067.jpg, Zugriff vom 6. 12. 2008.

Da manche Webseiten nur für eine begrenzte Zeit verfügbar sind, macht es durchaus Sinn, diese nach dem Zugriff auf digitalen Datenträgern (z. B. auf einer CD-ROM) zu konservieren und beim Kursleiter/bei der Kursleiterin mit einzureichen.

4.3 Zitate und Fußnoten

a) Richtiges Zitieren

Die Erkenntnisse, die Sie aus der Sekundärliteratur gewinnen, müssen in Ihrer Arbeit belegt werden. Dies gilt ausnahmslos für alles, was Sie wörtlich oder sinngemäß anderen Werken entnehmen. Der Erkenntnisgewinn, den Sie aus anderen Werken adaptieren, ist nichts „Ehrenrühriges": Jede wissenschaftliche Arbeit basiert auf den Werken anderer Wissenschaftler. Indem Sie diese anführen, zeigen Sie, dass Sie sich in aller gebotenen Breite mit Ihrem Thema vertraut gemacht haben. Kennzeichnen Sie diese Übernahmen in Form von Zitaten, Ergebnissen oder Daten jedoch nicht, so machen Sie sich des Plagiats schuldig. An immer mehr Gymnasien und Universitäten gibt es heute entsprechende Software, um denjenigen auf die Schliche zu kommen, die sich „mit fremden Federn" schmücken wollen.
Das Belegen von Erkenntnissen anderer Autoren erfolgt durch die Arbeit mit Zitaten, die Sie auf verschiedene Art in Ihre Arbeit einbringen können:

- Sie integrieren ein wörtliches Zitat in Ihren eigenen Satzbau; hierbei müssen Sie das, was Sie wörtlich übernehmen, in Anführungszeichen setzen.
- Sie übernehmen ein längeres wörtliches Zitat, das satzwertig ist; auch dieses ist in Anführungszeichen zu setzen.

Wenn Sie aus Gründen der richtigen Syntax etwas an Ihrem Zitat grammatikalisch verändern müssen oder inhaltliche Kürzungen vornehmen, so ist dies folgendermaßen kenntlich zu machen:

- Auslassungen werden durch eckige Klammern und drei Punkte kenntlich gemacht.

Beispiel: „CDU und SPD [...] haben seit der Wiedervereinigung an Integrationskraft eingebüßt."[1]

- Müssen Sie innerhalb des Zitats etwas hinzufügen, so setzen Sie das Hinzugefügte in eckige Klammern.

Beispiel: Der Verfasser zeigt auf, dass „1986 [...] die letzten Klagen abgewiesen [wurden]."[2]

Die Orthografie und die Zeichensetzung eines Zitates müssen auf jedem Fall beibehalten werden. Stoßen Sie auf einen Druck- oder Rechtschreibfehler, dürfen Sie diesen nicht korrigieren. Als Zeichen dafür, dass es sich nicht um einen Fehler Ihrerseits handelt, setzt man in diesem Fall ein „(sic!)" hinter den entdeckten und übernommenen Fehler. Dies gilt nicht für Schreibweisen, die sich bedingt durch die Rechtschreibreform verändert haben.

Da Sie vieles in Ihrer Fach- bzw. Seminararbeit nicht selbst erforscht haben werden, sollten Sie, vor allem bei wertenden Passagen, ebenfalls in den Fußnoten nicht auf die Quellen Ihrer Erkenntnisse hinweisen. Idealerweise findet man im Rahmen der → **Literaturauswertung** widersprüchliche Aussagen zu einem Thema. Diese Widersprüche werden in den Fußnoten dargestellt. Auch weiterführende Erklärungen, die nicht in den Fließtext passen, können hier ausgeführt werden.

---

[1] Hartleb, F. (u.a.), Mensch und Politik, Klasse 10, Braunschweig 2008, S. 53.
[2] Ebd., S. 152.

b) Fußnoten
Hier sollten Sie besonders auf Konsequenz achten und nicht von der einmal verwendeten Vorgehensweise abweichen.

- Wenn Sie zum ersten Mal aus einem Buch zitieren, so wird der vollständige Titel einschließlich Seitenzahl in der Fußnote aufgeführt; der Autorenname ist zu unterstreichen.

Beispiel: [1] Hartleb, F. (u. a.), Mensch und Politik, Klasse 10, Braunschweig 2008, S. 53.

- Bei einem direkt darauf folgenden Zitat aus gleicher Quelle genügt ein „Ebd." für „ebenda", bei abweichender Seitenzahl, aber gleichem Titel, ein „Ebd." mit differierender Angabe der Seite.

Beispiel: [2] Ebd., S. 152.

- Wenn Sie zum zweiten Mal aus einem bereits verwendeten Buch zitieren, genügt ein Kurztitel in der Fußnote, der den Autorennachnamen, ein Schlagwort aus dem Titel und eine Seitenzahl enthält.

Beispiel: [3] Hartleb, Politik, S. 12.

- Wenn Sie in den Fußnoten auf weiterführende Literatur zu einem Thema verweisen wollen, so setzen Sie ein „vgl." (für „vergleiche") vor den Buchtitel, auf den Sie sich beziehen.

Beispiel: [4] Hartleb, Politik, S. 149; vgl. dazu ausführlich Treml, M., Geschichte des modernen Bayern, S. 19 ff.

- Wenn Sie auf einen Widerspruch in der Literatur stoßen, so übernehmen sie im Fließtext die Position, die Sie überzeugt und/oder mehrheitsfähig ist und verweisen dann in den Fußnoten auf andere Darstellungen.

Beispiel: [5] Müller, Soziologie, S. 10; anders Maier, Moderne Soziologie, S. 13: Er sieht die Hauptursache für den Rückgang der Geburtenziffern nicht in der Emanzipation der Frau, sondern im zunehmenden Konsumdenken.

c) Amerikanische Zitierweise (auch: **Harvard-System**)
In Abweichung von oben Gesagtem verweist die US-amerikanische Zitierweise direkt im Fließtext auf den Ursprung eines Zitats. Dabei werden nur der Nachname des Autors/Herausgebers, Erscheinungsjahr und Seitenzahl genannt. Der vollständige Titel erscheint nur im → **Literaturverzeichnis.**

Beispiel: „War das 20. Jahrhundert das Zeitalter Hitlers?" (Kershaw 1998: 15).

Zitate, die in einer Fremdsprache verfasst sind, werden in dieser übernommen und grammatikalisch richtig in den Fließtext eingefügt. Außer bei der Wissenschaftssprache Englisch werden alle fremdsprachigen Zitate in der Fußnote übersetzt. (Dieser Hinweis gilt jedoch nicht für Fach- oder Seminararbeiten, die in einer Fremdsprache verfasst werden.)

4.4 Writing and revising a term paper draft

In English seminars – whether at school in Year 11/12 or later at university or college – you will be assigned a *term* (or *research*) *paper (Fach-/Seminararbeit)*. The aim is to show that you have learned to work independently and can successfully apply academic strategies such as developing a coherent argument and acknowledging which sources you have used in your research. A paper is a sustained inquiry about a particular subject. When studying English, however, your task includes showing your command of the foreign language. The following tips are designed to support you as you write (see especially (5) and (6) in the table below).

Common procedure to ensure a good term paper	
1. Choose a subject	(→ **Strategien zur Themenfindung**)
2. Find sources of material and information	(→ **Stoffsammlung zur Seminararbeit**)
3. Gather notes	(→ **Arbeitstechniken zur Seminararbeit**)
4. Outline the paper	(→ **Aufbau**)
5. Write the first draft	
6. Revise the draft	
7. Edit the paper	(→ **Bibliografieren**/→ **Zitate und Fußnoten**)

Writing the first draft

"Hard writing makes easy reading. Easy writing makes hard reading."
William Zinsser (1922), author of "On Writing Well"*

Writing a first draft before submitting your final paper can significantly improve the quality of both the substance (academic content) and the language of your paper.

1. Try freewriting: With your notes and outline in front of you, sit down and write the draft in one go without worrying about spelling, grammar structure or layout at this stage. The main idea is to freely explore the topic without allowing your internal judge to disturb your creative ideas. Following your ideas without inhibition is an important step at this point because it allows your brain to visualize your topic.

2. Skip parts if you get stuck: You might find that writing the introduction to your term paper is a particularly difficult, seemingly impossible, task when writing the first draft. It is often quite difficult to write an introduction without having written the main body of the paper. You will make more progress writing the body of your paper first than guessing what might make a good introduction. Likewise, skip paragraphs that you feel are blocking your creativity. If you assume you will revise, you can be much more relaxed and free in writing your first draft. This should enable you to finish it more quickly.

Revising the draft – DOs and DON'Ts

"There are days when the result is so bad that no fewer than five revisions are required. In contrast, when I'm greatly inspired, only four revisions are needed."
John Kenneth Galbraith (1908–2006), Canadian-American economist

After the first draft, it is usually necessary to revise and refine the ideas you have generated by writing follow-up drafts. The aim is to shape your paper so that the final version flows smoothly, is written in a clear and interesting way and has appropriate support for its arguments. Since revising is more than rearranging arguments into a logical progression you should also consider the following steps.

1. Achieve coherence: Coherence is essential to a good paper because it contributes to a clear and logical flow of ideas that together form a larger, unified entity. To achieve coherence, you should have smooth connections or *transitions* between the sentences in your paragraphs. Here is a list of common transition words and phrases and their uses:

Giving examples	*for example, for instance, specifically, in particular, namely, another*
Comparison	*similarly, not only ... but also, in comparison (to)*
Contrast	*although, but, while, in contrast (to), however, though, on the other hand, on the contrary, whereas, in spite of*
Sequence	*furthermore, finally, in conclusion, in the first place*
Results	*thus, therefore, as a result, accordingly, consequently*
Time	*already, beforehand, earlier, formerly, at this point, simultaneously, meanwhile, then, afterwards, finally, subsequently*

DON'T overuse them, as they may draw attention away from your ideas!
DON'T place them in the same position in your sentence each time, as this will quickly become repetitious and boring!
DON'T use phrases like *"In order to consider this problem fully one must first analyse..."* or *"The next point for consideration in this paper will be..."*, as they do not help the paper progress. Instead of saying what you intend to discuss you should get down to discussing it!

2. Write effective sentences

"Clutter is the disease of American writing. We are a society strangling in unnecessary words, circular constructions, pompous frills and meaningless jargon."
William Zinsser (1922), author of "On Writing Well"*

When polishing your draft for clarity, try to follow these rules:

a) DO try to use a straightforward sentence structure

"My goal is an America where something or anything that is done to or for anyone is done neither because of nor in spite of any difference between them, racially, religiously or ethnic-originwise."
Ronald Reagan (1911–2004), President of the United States of America 1981–1989

If sentences in your draft are contorted, try rephrasing your meaning in short sentences and then combining thoughts where most appropriate. At the same time, make sure you vary sentence length and structure to give a really convincing form to the ideas expressed.

b) DO pay attention to word order
Misplaced modifiers can completely change the meaning of a sentence. Therefore, always place a modifier near the word it modifies.

Example: "Three family members were found bound and gagged by their grandmother."

Did the grandmother tie up the family?

→ *Better:* The grandmother found three family members who had been bound and gagged.

c) DO correct faulty parallel constructions
Parallel constructions are very important in sentence writing to establish coherence. Parallelism occurs when a series of words, phrases or clauses is put in parallel form (similar grammatical construction) to link ideas. *Faulty* parallelisms, that is, sentences in which two or more words, phrases or clauses have the same grammatical function, but are not put in the same grammatical form, can wreck the syntax and the meaning of your sentence.

Example: "In Canada, lots of boy scout troops prepare to go hiking, swimming, and they camp out."

Not parallel; hence not clear.

→ *Better:* In Canada, lots of boy scout troops prepare to go hiking, swimming, and camping out.

d) DO give your sentences content
Overly general sentences (as underlined in the example below) do not contain enough information to make a specific point in your discussion. Try combining such sentences with the sentence that follows.

Example: "<u>There is a national organization called The Ugly Owls</u>. The group's 5,000 members are devoted birdwatchers."

Not enough information.

→ *Better:* The Ugly Owls is a national organization whose 5,000 members are devoted birdwatchers.

3. Develop a concise style

"Have something to say, and say it as clearly as you can. That is the only secret of style."
Matthew Arnold (1822–1888), English poet

Although academic papers are required to be sophisticated, useless words (like the ones underlined below) weigh down your prose, so that its meaning is often lost, confused, or hidden. Here are some tips that help you develop a concise style.

a) LEAVE OUT superfluous words

Example: "<u>Because of the fact that</u> his cooking business failed, my uncle decided to leave London."
→ *Better:* Because his cooking business failed, my uncle decided to leave London.

Other notorious constructions include *in the event that* (= if), *due to the fact that* (= because), *at this point in time* (= now), *by means of* (= by), *concerning the matter of* (= about), *the reason is that* (omit), *in a realistic fashion* (= realistically) etc. The words "There are" and "It is" are frequently needless space wasters. You should either omit them or replace them with specific subjects.

Example: "<u>There are</u> fifty students attending this course."
→ *Better:* Fifty students attend this course.

b) LEAVE OUT redundancies

Example: "The <u>group consensus</u> was that the neighbourhood needed more trees."
→ *Better:* The consensus was that the neighbourhood needed more trees.

Redundancies are words that repeat the same idea or whose meanings overlap. You should eliminate needless repetition. In his essay "Count the Superfluous Redundant Pleonastic Tautologies", US comedian George Carlin (1937–2008) makes use of some common redundancies:
"I needed a new beginning, so I decided to pay a social visit to a personal friend with whom I share the same mutual objectives and who is one of the most unique individuals I have ever personally met. The end result was an unexpected surprise. When I reiterated again to her the fact that I needed a fresh start, she said I was exactly right; and, as an added plus, she came up with a final solution that was absolutely perfect."

Sources (b): About.com: George Carlin on Redundancies; available at http://grammar.about.com, updated 27 August 2007 (accessed 15 July 2009)

c) AVOID common pitfalls

- DON'T use shortened forms like *isn't, aren't, won't* etc. Write them in full: *is not, are not, will not.* Notice that *cannot* is written as one word.
- DON'T use colloquialisms like *kids, back in the 20's, by this time, in the olden days, some form of flag art,* or chatty phrases like *in addition to that, in a way* in formal writing unless they are necessary to make your point.
- DON'T use tired expressions like *slowly but surely, good as gold, right as rain* etc.
- DON'T use unnecessary intensifiers. Check if words like *very, major, absolutely, completely, fundamental* or *basic* really add vigour to your writing.
- DON'T use *I* (although this convention seems to be changing somewhat). Alternatives to *I* include the passive voice ("The questionnaire was distributed to 30 pupils") or the infinitive.
- DON'T imitate the language of your academic sources, since this might look like plagiarism.

4.5 Praxisbeispiele

4.5.1 Titelbild

Wenn Sie ein Titelbild als „Aufmacher" Ihrer Fach- bzw. Seminararbeit wählen, sollten Sie vor allem darauf achten, dass das entsprechende Material den Kern Ihres Themas erfasst. Im gesellschaftswissenschaftlichen Bereich eignen sich dazu insbesondere *Karikaturen*. Die nachstehende Abbildung zum Thema „The American Century" dient als Beispiel für ein Titelbild aus den Bereichen Geschichte bzw. amerikanische Landeskunde:

„The American Century"; *eigene Darstellung*, 1996

Zu erkennen ist die Symbolfigur der USA, Uncle Sam, der grüßend bzw. triumphierend seinen Hut in die Luft schwenkt, während er über einen Friedhof springt, auf dem die Symbole des deutschen Nationalsozialismus (Hakenkreuz) sowie des sowjetischen Stalinismus bzw. Kommunismus (Hammer und Sichel) wie Grabsteine im Boden stecken. Hier liegen offenbar die Ideologien zweier diktatorischer Regime begraben. In der Tat gilt das 20. Jahrhundert – insbesondere in der ersten Hälfte – als „Zeitalter der Extreme", denn zu keiner anderen Zeit war die Herrschaftsform der Diktatur strenger und furchtbarer ausgeprägt. Gleichzeitig aber hat sich auch in keiner anderen Epoche die Staatsform der Demokratie weltweit stärker ausgebreitet. Hierauf spielt die Karikatur an, die die US-amerikanische Dominanz im 20. Jahrhundert mit dem Sieg der Vereinigten Staaten von Amerika über das Dritte Reich im Zweiten Weltkrieg bzw. über die UdSSR im sogenannten Kalten Krieg in Verbindung bringt.

4.5.2 Anhang

4.5.2.1 Grafik zur Bevölkerungsentwicklung in Deutschland (1950 bis 2050)

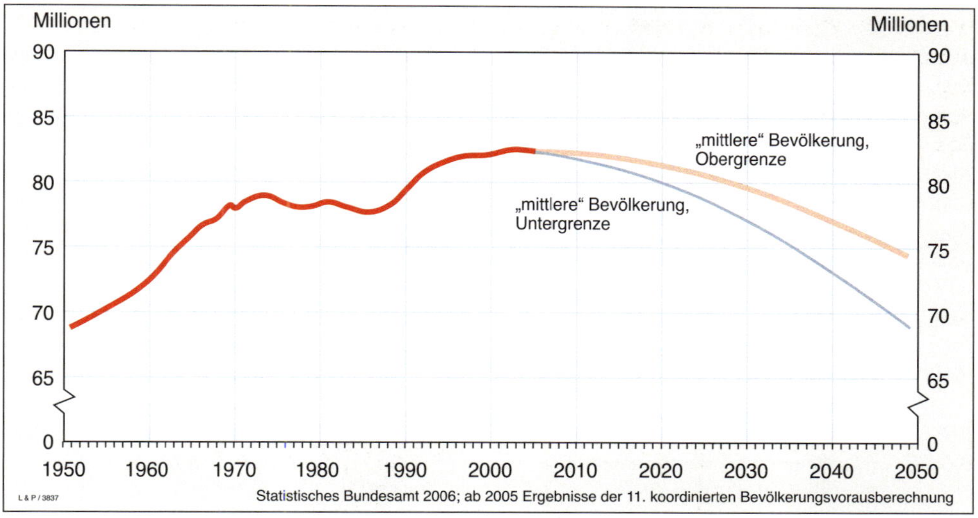

Aus: Hartleb, F./ Raps, C., Mensch und Politik, Sozialkunde Bayern, Klasse 11, Braunschweig 2009, S. 10

4.5.2.2 Grafik zur Verfassung der Bundesrepublik Deutschland

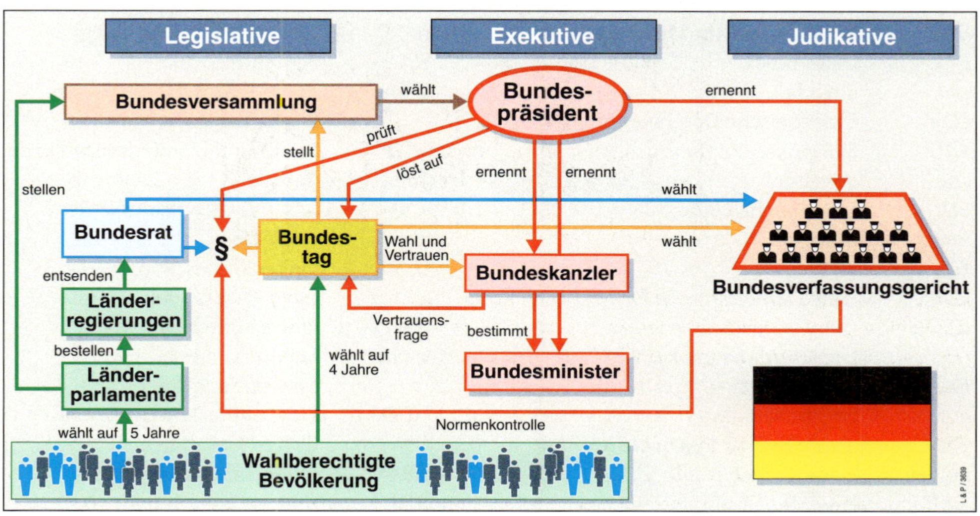

Aus: Hartleb, F./ Raps, C., Mensch und Politik, Sozialkunde Bayern, Klasse 11, Braunschweig 2009, S. 124

4.5.3 Abkürzungsverzeichnis

Nachstehend finden Sie eine Auswahl anerkannter Abkürzungen, die Sie in Ihrem Abkürzungsverzeichnis verwenden können:

a. a. O.	am angeführten/angegebenen Ort
Abb.	Abbildung
Abh.	Abhandlung
Abs.	Absatz
Abt.	Abteilung
Anm.	Anmerkung
App.	Appendix
ASB	Allgemeine Systematik für Öffentliche Bibliotheken
Aufl.	Auflage
BA	Bundesagentur für Arbeit
BAM	Bundesanstalt für Materialforschung und -prüfung
BFI	Betriebsforschungsinstitut
BIOSIS	BioScience Information Service [of Biological Abstracts]
CAB	Chemical Abstracts
CDU	Christlich Demokratische Union
CSU	Christlich Soziale Union
DDR	Deutsche Demokratische Republik
DIMDI	Deutsches Institut für medizinische Dokumentation und Information
DIN	Deutsches Institut für Normung
Diss.	Dissertation
ebd.	ebenda
EDV	Elektronische Datenverarbeitung
EKG	Elektrokardiogramm
erw.	erweitert
EU	Europäische Union
evang.	evangelisch
Fa.	Firma
FDP	Freie Demokratische Partei
GEOLINE	Geowissenschaftliche Literaturdatenbank online
GG	Grundgesetz
ggf.	gegebenenfalls
GKV	gesetzliche Krankenversicherung
Hg.; Hrsg.	Herausgeber
HMS	His/ Her Majesty's Ship
i. e.	id est (das ist; mit anderen Worten)
IDC	Internationale Dokumentationsgesellschaft für Chemie
INIS	Internationales Nuklear-Informationssystem
Jg.	Jahrgang
Kap.	Kapitel
m. E.	meines Erachtens
MfS	Ministerium für Staatssicherheit
NATO	North Atlantic Treaty Organization
NSDAP	Nationalsozialistische Deutsche Arbeiterpartei
o. a./u. a.	oben angeführt/ unten angeführt
o. J.	ohne Jahresangabe
o. O.	ohne Ort
o. V.	ohne Verfasserangabe
ODAV	Ostbayerische Datenverarbeitungsgesellschaft mbH, Straubing
Phys. Bl.	Physikalische Blätter
ppa.	per procura
Reg.	Register
röm.-kath.	römisch-katholisch
S.	Seite
s. o./s. u.	siehe oben/ siehe unten
SEA	Aktionsausschuss für sichere Elektrizitätsverwendung
Sig.	Signatur
SPD	Sozialdemokratische Partei Deutschlands
StUB	Stadt- und Universitätsbibliothek
Tab.	Tabelle
u. a.	unter anderem; und andere
u. ö.	und öfter
U. S. S.	United States Ship
u. U.	unter Umständen
UB	Universitätsbibliothek
UdSSR	Union der Sozialistischen Sowjetrepubliken
ULIDAT	Umweltliteraturdatenbank
UN	United Nations
USA	United States of America
VDI	Verein Deutscher Ingenieure e. V.
Verf.	Verfasser
vgl.	vergleiche
z. B.	zum Beispiel

4.5.4 Literaturverzeichnis

Beispiel für ein Literaturverzeichnis zu einer Fach-/Seminararbeit im Fach Ethik zum Thema *„Anwendungsmöglichkeiten von Immanuel Kants Kategorischem Imperativ in modernen bio- und medizinethischen Fragestellungen"*:

6.1 Primärliteratur

1. Fichte, Johann Gottlieb, Gebhard Rezension, in: R. Lauth/H. Jacob (Hg.), J. G. Fichte Gesamtausgabe, Band I,2, Stuttgart 1965, S. 21–29.
2. Kant, Immanuel, Die Kritiken – Kritik der reinen Vernunft. Kritik der praktischen Vernunft. Kritik der Urteilskraft, Frankfurt/ Main 2008.
3. Kant, Immanuel, Grundlegung der Metaphysik der Sitten, Frankfurt/ Main 2007.

6.2 Sekundärliteratur

1. Arras, J. d., A Case Approach, in: H. Kuhse/P. Singer (Hg.), A Companion to Bioethics, Oxford 1998, S. 106–114.
2. Beauchamp, T./Childress, J. F., Principles of Biomedical Ethics, New York 2001.
3. Birnbacher, D., Bioethik zwischen Natur und Interesse, Frankfurt/ Main 2006.
4. Donchin, A./Purdy, L. M. (Hg.), Embodying Bioethics. Recent Feminist Advances, Lanham 1999.
5. Döring, E., Immanuel Kant. Einführung in sein Werk, Wiesbaden 2004.
6. Düwell, M., Bioethik: Methoden, Theorien und Bereiche, Weimar 2008.
7. Honnefelder, L.,/Rager, G., Ärztliches Urteilen und Handeln: Zur Grundlegung einer medizinischen Ethik, Frankfurt/Main 1994.
8. Irrgang, B., Einführung in die Bioethik, Stuttgart 2005.
9. Kaatsch, H. J. u. a., Medizinethik, Münster 2008.
10. Kahlke, W./Reiter-Theil, S., Ethik in der Medizin, Stuttgart 1995.
11. Kuhse, H./Singer, P. (Hg.), A Companion to Bioethics, Oxford 1998.
12. Römpp, G., Kant leicht gemacht. Eine Einführung in seine Philosophie, Stuttgart 2007.
13. Schmitz, H., Was wollte Kant?, Bonn 1989.
14. Schöne-Seifert, B., Grundlagen der Medizinethik, Stuttgart 2007.
15. Wiesing, U., Ethik in der Medizin: Ein Studienbuch, Ditzingen 2004.
16. Wuketits, F. M., Bioethik: Eine kritische Einführung, München 2006.

6.3 Internetadressen

1. Deutsche UNESCO-Kommission e. V. (Hg.), Drei Veranstaltungen zu internationalen Fragen der Bioethik, Oktober 2007, in: *http://www.unesco.de/1767.html?&L=0;* Zugriff am 27.7. 2009.
2. Bioethik-Kommission der Bayerischen Staatsregierung (Hg.), Novellierung des Stammzellgesetzes (StZG) aus ethischer Sicht. Stellungnahme der Bioethik-Kommission Bayern vom 18. Dezember 2007, in: *http://www.bioethik.bayern.de/Stellungnahmen-.2173.10254033/index.htm;* Zugriff am 27.7. 2009.
3. Schweidler, W., Bioethik als Verantwortungsprinzip, Bundeszentrale für politische Bildung (bpb), Dossier Bioethik, 8.12. 2008, in: *http://www.bpb.de/themen/OXJNT9,0,0,Bioethik_als_Verantwor tungsprinzip.html;* Zugriff am 27.7. 2009.
4. Moskopp, W., Einführung: Der Ort der Bioethik in der Philosophie, Bundeszentrale für politische Bildung (bpb), Dossier Bioethik, 30.1. 2009, in: *http://www.bpb.de/themen/1V2OMJ,0,Einf%FChrung%3A_Der_Ort_der_Bioethik_in_der_Philosopie.html;* Zugriff am 27.7. 2009.

ÄUSSERE FORM UND GESTALTUNG · ÄUSSERE FORM UND GESTALTUNG · ÄUSSERE FORM UND GESTALTUNG ·

5. Präsentation

5.1 Einen Vortrag halten

Bei einem Vortrag geht es darum, das Publikum zu überzeugen. Sie haben ein Produkt, Ihre Fach- oder Seminararbeit. Durch die wissenschaftliche Auseinandersetzung mit Ihrem Thema sind Sie kompetent und ein Experte auf Ihrem Gebiet geworden. Nun gilt es, im Rahmen der Abschlusspräsentation Ihre Ideen und Argumente schlüssig darzustellen. Für den Diskurs mit den Bausteinen Ihrer Präsentation benötigen Sie eine passende „Verpackung"; zugleich soll Ihr wissenschaftliches Arbeiten, bei dem Sie meist mit sich selbst beschäftigt waren, nun aufgelockert werden – eine neue Herausforderung für Sie!

Tipps für die Struktur Ihres Vortrags

1. *Einleitung:* Stellen Sie am Anfang das Thema Ihres Referats vor. Dies sollte möglichst spannend mit einigen Sätzen erfolgen, denn gerade der Beginn ist entscheidend für den Eindruck der Zuhörer. Steigen Sie also mit einer Anekdote, einem Zitat oder allgemein mit einem inhaltlichen Punkt aus der Lebenswirklichkeit des Publikums ein; kündigen Sie Ihr Vortragsziel an (Relevanz des Themas; Fragestellung).
2. *Hauptteil:* Er kann einem chronologischem Muster folgen (z. B. früher/heute/morgen) oder nach einzelnen Argumenten gegliedert sein. Begründen Sie dabei deren Anordnung, und vermeiden Sie auf jeden Fall eine langweilige Faktenansammlung. Es ist durchaus sinnvoll, zu Beginn des Hauptteils eine kurze Übersicht über das Gesamtreferat zu geben. Die Übersicht, die Sie z. B. mithilfe einer → **PowerPoint-Präsentation** erstellen können, soll der „rote Faden" des Vortrags sein. Nehmen Sie im Folgenden immer wieder darauf Bezug.
3. *Schluss:* Kündigen Sie das Ende Ihrer Rede an, denn entscheidend sind der erste und letzte Eindruck des Vortrags. Vermeiden Sie einen Verlegenheitsschluss – studieren Sie Ihren letzten Satz also schon vorher ein. Sie können am Schluss Ihre wichtigsten Inhaltspunkte – quasi als Merkhilfe für Ihre Mitschüler – noch einmal zusammenfassen oder Thesen für eine anschließende Diskussion formulieren. Seien Sie stets auch auf kritische Fragen gefasst!

Wenn Sie Ihren Vortrag inhaltlich und medial vorbereitet haben, sollten Sie ihn unbedingt mehrfach proben – zunächst eventuell alleine (vor dem Spiegel), dann aber auch vor Eltern oder Geschwistern. Diese werden Sie vielleicht auf inhaltliche Schwierigkeiten aufmerksam machen, die Ihnen – als Experten – noch gar nicht aufgefallen sind. Schließlich wächst mit jeder Probe auch die Sicherheit, und Sie entwickeln ein besseres Zeitgefühl. Bitten Sie Ihre Zuhörer, bei Ihrem Probevortrag auf folgende Punkte besonders zu achten und Ihnen eine *ehrliche* Rückmeldung zu geben:

Du hast …	**sehr gut**	**gut**	**verbesserungsfähig**
… laut, deutlich und nicht zu schnell gesprochen.			
… Blickkontakt gehalten.			
… frei vorgetragen.			
… den Umgang mit der Technik beherrscht			
… die Vortragszeit eingehalten.			

Bei einem Vortrag dürfen Sie Ihr Publikum nicht überfordern. Klären Sie mit dem Kursleiter/der Kursleiterin daher die genaue Vortragsdauer ab und begrenzen Sie den Umfang Ihrer Rede dann auf diese Zeit. Beim Vortrag selbst ist das oberste Ziel simpel: Das Publikum soll Ihnen zuhören, nicht schwätzen und sich nicht langweilen.

Tipps für eine gute Rhetorik

- *Kurze Sätze!* Unterscheiden Sie die mündliche Sprache deutlich von der schriftlichen. Statt langen Schachtelsätzen sollten Sie kurze, verständliche und damit einprägsame Sätze formulieren.
- *Sparen Sie mit Fremdwörtern!* Sprechen Sie eine einfache Sprache. Fremdwörter sollten nur dann vorkommen, wenn sie für die Arbeit bedeutsam sind und ausführlich erklärt werden.
- *Keine Floskeln!* Folgende Überleitungen können Sie sich getrost sparen: „Eigentlich ist schon alles gesagt, aber ..."; „Bevor ich zum Ende komme, gehe ich noch auf folgende Punkte ein: ..."; „Mir war es leider nicht möglich, ..."; „Ich kann Ihnen/Euch einige trockene Fakten bedauerlicherweise nicht ersparen."; „Wir müssten eigentlich daran interessiert sein, dass ...".
- *Seien Sie selbstsicher!* Vermeiden Sie daher verbale Verlegenheit und unschöne „Platzhalter" wie „ähm", „nun ja", „also", „halt" etc.

Gestik und Stand beim Vortrag: Ein Redner überzeugt nicht nur durch die Schlüssigkeit seiner Argumentation und die Qualität seiner Rhetorik. Noch bevor das erste Wort gesprochen wurde, überzeugt der Redner vor allem durch sein Auftreten. Zwei Grundsätze sollten Sie beachten:

- Stehen Sie fest und sicher während des gesamten Vortrags! Stützen Sie sich nicht auf das Pult oder lehnen sich gar an die Wand!
- Zappeln Sie nicht; wildes Gestikulieren oder permanentes „Umherwandern" vor dem Auditorium sollten Sie vermeiden.

Stichwortkonzept: Idealerweise halten Sie Ihre Rede völlig frei. Keinesfalls sollten Sie DIN-A4 Papier als Stichwortzettel verwenden, vor allem, um eventueller Redeangst vorzubeugen. Echte und zugleich unauffällige Hilfe bieten z. B. *Karteikarten* (im A5- oder A6-Format), die Sie nur auf einer Seite, mit wenig Text und in großer Schrift (Druckbuchstaben) beschriften sollten. Die Karteikarten ersparen Ihnen nicht nur ein Vortragsmanuskript, sondern sind viel übersichtlicher und lassen sich außerdem praktisch durchnummerieren. Aufgrund der großen Bedeutung des Schlussgedankens können Sie für Ihre letzte Karte eine andere Farbe wählen.

Thesenpapier: Die Verwendung eines *Thesenpapiers* oder *Handouts* kann sinnvoll sein. Es gibt dem Zuhörer eine Stütze, um dem Vortrag besser folgen zu können. Es kann auch Anregungen und Anstöße zur Diskussion über das Referat enthalten. Entscheidend ist aber der mündliche Vortrag. Daher ist es sicher sinnvoll, das Thesenpapier erst nach dem Vortrag zu verteilen. Zwei Faktoren sind für die Form eines Thesenpapiers zentral: Einheitlichkeit (insbesondere der Gliederungsebenen) und Logik (Reihenfolge der Gliederungspunkte; Gesamtkonzept).

Pannen „meistern": In jedem Vortrag können kleinere Pannen auftreten. Wenn das passende Wort fehlt, können Sie sich mit Formulierungen wie „mir fehlt der treffende Begriff" Hilfe beim Publikum holen. Wenn Sie sich im Satz einmal versprechen, sollten Sie einfach weiterreden. Auf keinen Fall sollten Sie einen Versprecher hektisch korrigieren. Sympathisch ist ein kleines Schmunzeln. Gerade wenn Sie frei sprechen, verzeiht Ihnen Ihr Publikum kleinere Pannen mit der augenzwinkernden Einsicht in die Unwägbarkeiten, denen man als Vortragender ausgesetzt ist.

5.2 Visualisieren

Visuelle Hilfsmittel können Ihren Vortrag bereichern. Eine gelungene Visualisierung verdeutlicht wesentliche Aussagen, dient Ihrem Publikum als Orientierungshilfe und trägt dazu bei, die dargebotenen Informationen besser verarbeiten und erinnern zu können. Sie machen mit einer guten Visualisierung einen besseren Gesamteindruck, zumal, wenn der Inhalt Ihrer Aussagen stimmt. In der Praxis stehen Ihnen *Tafelbild, Flipchart, Overhead-Projektor, Pinnwand* oder ein Beamer für *PowerPoint-Präsentationen* zur Verfügung. Für den sachgemäßen Einsatz des richtigen Mediums sollten Sie dessen Eigenschaften kennen. Beachten Sie dabei den Grundsatz: Nicht das Medium, sondern Sie selbst stehen mit Ihrer Rhetorik im Mittelpunkt.

Tipps zum Umgang mit Tafel und Flipcharts

- Achten Sie darauf, jedes Plakat/jedes Tafelbild mit einer Überschrift zu versehen; Aufzählungen sollten maximal zehn Zeilen lang sein.
- Verwenden Sie bis zu drei unterschiedliche Farben, die gut lesbar sind (bei Flipcharts z. B. schwarz, rot, blau); helle Farbtöne (z. B. rosa, gelb) sind hingegen beim Tafelbild sinnvoll.
- Gestalten Sie grafische Elemente möglichst einfach und heben Sie Wichtiges (z. B. durch Unterstreichungen oder Umrandungen) hervor.
- Es ist gar nicht so einfach, seine eigene Handschrift auf die Größe des Flipcharts zu übertragen. Üben Sie daher im Vorfeld Ihrer Präsentation das Schreiben auf großen Bögen, testen Sie verschiedene Filzstifte und verändern Sie den Neigungswinkel des Stiftes solange, bis der Schriftsatz in Ihren Augen harmonisch aussieht und auch von Weitem gut lesbar ist.

Tipps zum Umgang mit Overhead-Projektoren

- Überprüfen Sie vor Ihrer Präsentation, ob sich der Raum, in dem Sie sprechen werden, abdunkeln lässt. Bei starker Sonneneinstrahlung scheidet der Overhead-Projektor als Medium aus.
- Halten Sie Blickkontakt zum Publikum; sprechen Sie nicht „zur Wand".
- Nummerieren Sie Ihre Folien, um nicht durcheinander zu kommen.
- Legen Sie Ihre Folien nicht zu schnell nacheinander auf (Faustregel: keine Folie kürzer als 2 Minuten) und vermeiden Sie hektische Bewegungen am Projektor.
- Kopieren Sie nicht einfach Texte oder Tabellen aus anderen Quellen, sondern konzipieren und gestalten Sie jede Folie selbst. Seien Sie kreativ!
- Manche Projektoren verbreiten einen leisen Summton. Schalten Sie den Projektor daher aus, wenn Sie den Inhalt einer Folie erklärt haben und die nächste Folie noch nicht behandeln.

Tipps zum Umgang mit Pinnwänden

- Pinnwände eignen sich hervorragend zur Darstellung von Strukturen. Ein Staats- oder Unternehmensaufbau z. B. lässt sich auf diese Weise sehr gut visualisieren. Mithilfe einer Pinnwand lassen sich aber auch Ideen- oder Stoffsammlungen in größeren Gruppen durchführen.
- Verwenden Sie unterschiedliche Kartengrößen und -farben – das erleichtert die Zuordnung.
- Nutzen Sie zum sicheren Fixieren ausreichend stabile (und lange) Nadeln.
- Selbst das „Pinnen" der Nadel will gelernt sein; vor Ihrer Präsentation sollten Sie sich also schon einmal kurz mit der Pinnwand befasst haben.

Tipps zum Umgang mit PowerPoint-Präsentationen

Bei einer → **PowerPoint-Präsentation** arbeiten Sie mit einem Beamer, der die auf dem PC oder Notebook gespeicherten Daten direkt auf eine Leinwand projiziert. In den letzten Jahren ist diese Visualisierungsform besonders beliebt geworden. Das Programm „Microsoft PowerPoint" lässt sich schnell erlernen, und die Effekte einer PowerPoint-Präsentation sind einzigartig: Einzelne Folien werden in der gewünschten Reihenfolge mit Bild, Ton oder Animation auf der Leinwand sichtbar. Wenn alles funktioniert, bedienen Sie nur die Pfeiltasten des Computers und können sich ganz auf Ihren Vortrag konzentrieren. Es können dennoch Schwierigkeiten auftreten:

- Die technischen Finessen machen dem Referenten nicht selten einen „Strich durch die Rechnung"; es ist daher ganz wichtig, dass Sie vor Ihrer Präsentation den Beamer, Ihren Computer, die Kabellage und die Software auf Funktionsfähigkeit hin überprüfen; halten Sie einen „Plan B" bereit, für den Fall, dass „PowerPoint" just in Ihrer Präsentation nicht funktionieren sollte.
- Vermeiden Sie komplizierte Tabellen oder klein geschriebenen, schwer lesbaren Text.
- Vermeiden Sie das schnelle Springen von Folie zu Folie (sonst überfordern Sie Ihr Publikum!).
- Halten Sie Blickkontakt zum Publikum; sprechen Sie nicht zu Computer oder Leinwand.
- Erliegen Sie nicht der Versuchung, zu viele „Show-Elemente" und Spezialeffekte einzubauen.
- Ganz wichtig: Stimmen Sie die Reihenfolge der Folien mit Ihrem Vortragskonzept ab und begrenzen Sie die Visualisierung auf Ihre Kernbotschaften!

Diagramme: Die emotionale Wirkung Ihrer Aussagen lässt sich sowohl durch geschickte Wahl der Darstellungsform als auch durch die Einbettung von Text- und Bildelementen steigern. Eine dankbare Darstellungsform ist dabei das Diagramm. Für zeitunabhängige Daten stehen Ihnen das *Balken-* und das *Kreis-* oder *Tortendiagramm* zur Verfügung. Für zeitabhängige Daten sollten Sie auf das *Säulen-*, das *Linien-* oder das *Flächendiagramm* zurückgreifen.

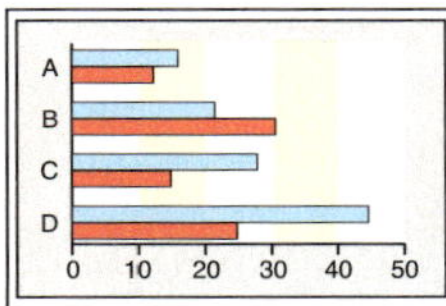	Sollen verschiedene Mengen miteinander verglichen werden (z. B. die Anzahl der Schulformen in verschiedenen Bundesländern), dann eignet sich dazu das Balkendiagramm. Dieser Diagrammtyp betont das Verhältnis der Teilmengen untereinander. Oft wird er verwendet, um eine Rangfolge oder einen Vergleich zu visualisieren, und es werden dabei entweder prozentuale Werte oder absolute Zahlen angegeben.
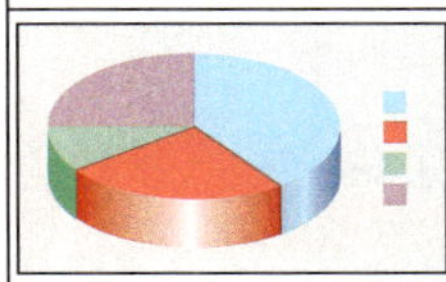	Wenn Anteile einer 100-prozentigen Menge im Verhältnis zueinander dargestellt werden sollen (z. B. Wahlergebnisse, Marktanteile), dann eignet sich v. a. das Kreis- oder Tortendiagramm. Die wichtigste Teilmenge beginnt dabei i. d. R. mit der 12-Uhr-Position. Visualisiert werden meist Strukturvergleiche und Mengenverhältnisse (z. B. prozentuale Anteile, Zusammensetzungen).
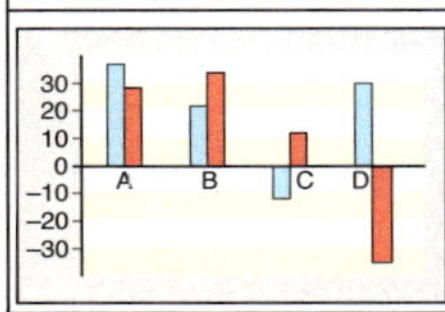	Mit dem Säulendiagramm lassen sich Vergleiche, Unterschiede und auch Trends über einen bestimmten Zeitraum darstellen (z. B. die Entwicklung des Ölpreises im Verhältnis zum Gaspreis). Von Vorteil ist diese Darstellungsform zudem, weil sich auch negative Daten darstellen lassen. Im Gegensatz zum Balkendiagramm können mit dem Säulendiagramm Mengen in einer zeitlichen Abfolge dargestellt werden (Zeitreihe); die x-Achse dient dabei als Zeitachse.
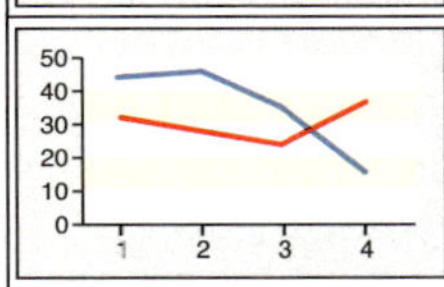	Das Liniendiagramm findet v. a. Verwendung zur Darstellung einer Entwicklung, eines Verlaufs oder einer Zeitreihe (z. B. bei Wachstumsraten). In einem Liniendiagramm können aber auch Abhängigkeiten und Brüche (z. B. der „Pillenknick" in der demografischen Entwicklung) dargestellt werden. Dieser Diagrammtyp eignet sich ideal, um Extremata (Höchst- und Tiefstwerte) miteinander zu vergleichen.
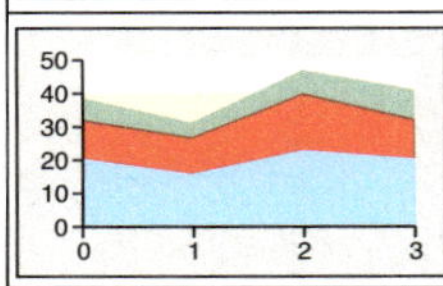	Das Flächendiagramm zeigt an, wie sich Daten im Lauf der Zeit verändern (z. B. die Entwicklung der Wirtschaftssektoren zueinander). Auch lässt sich die Beziehung von Teilen zum Ganzen darstellen.

5.3 PowerPoint-Präsentationen – do's & don'ts

Die korrekte Gestaltung einer übersichtlichen und aussagekräftigen PowerPoint-Folie *(slide)* will gelernt sein. Nachstehend ein Beispiel für eine überaus schlecht konzipierte Folie aus einer Präsentation im Fach Sozialkunde:

Weitere Tipps zur Foliengestaltung

- Die Informationen auf einer Folie sollten auf einem Blick erfasst werden können.
- Bei Textfolien sollten nicht mehr als 10 Wörter in einer Zeile stehen.
- Halten Sie einen breiten Rand an allen Seiten ein und lassen Sie genügend Abstand zwischen den Zeilen.
- Es sollten keinesfalls mehr als 60 Prozent jeder einzelnen Folie beschriftet werden.
- Textinformationen sollten gut gegliedert sein, durch Spiegelstriche, Punkte oder Pfeile.
- Die richtige Wahl für die Schriftgröße ist 20 + (24 Punkt für den laufenden Text; 24 Punkt fett für Hervorhebungen; 28 Punkt fett für Zwischenüberschriften; 32 Punkt fett für Hauptüberschriften; 20 Punkt für Bildunterschriften).
- Gestalten Sie die Folien nicht zu farbenfroh, da bunte Folien vom Wesentlichen ablenken.
- Setzen Sie Farben nur zu speziellen Zwecken ein, z. B. für Hervorhebungen, Unterscheidungen oder Ihre Gliederung.
- Sollte sich der Raum, in dem Sie sprechen, nicht ausreichend abdunkeln lassen, so empfiehlt es sich, den Folienhintergrund eher dunkel und die Schrift hell zu halten.
- In Ihre Folien können Sie problemlos Bilddateien oder Diagramme (S. 61) einfügen. Gehen Sie damit aber sparsam um und geben Sie stets die Quelle an!

Zum Abschluss ein Beispiel für eine gelungene PowerPoint-Folie aus einer Präsentation im Fach Sozialkunde:

Der Bundestag

- erste Kammer des Parlaments
- vom Volk direkt gewählt
- Wahl der Mitglieder (Art. 38 GG)
  - allgemein
  - unmittelbar
  - frei
  - gleich
  - geheim
- Mitglieder auf vier Jahre gewählt

Register

Bildquellen

Aspect Picture Library: 33 o. (M. Wells); **Bildagentur Huber,** Garmisch-Partenkirchen: 4; **Corbis,** Düsseldorf: Umschlagfoto u.; **dpa Picture-Alliance,** Frankfurt/M.: 10, 18 re. (ZB/W. Thieme), 19 re. (H. Hollemann), 23, 33 mi. (M. Athenstädt), 33 u. (F. Hörhager), 36 (epa Mike), 50 (chromorange), 62 mi. (C. Plambeck); **Jupiterimages:** 62 o., 63 (R. Elsen); **Kiene, T.,** Hannover: 62 u.; **Plainpicture,** Hamburg: Umschlagfoto o. (Fancy); **Raps,** C., Tann: 54; **Schroth Ch.,** Berlin: 19 li.; **ullstein bild,** Berlin: 29 (iT); **VISUM,** Hamburg: 21 (Th. Langreder); **Weisflog, R.,** Cottbus: 18 li.; **www.jugend-forscht.de:** 39.